Elogios para

Victoria sobre la oscuridad

y

Ministerios Libertad en Cristo

Innumerables personas han encontrado verdadera libertad en Cristo a través de la sabiduría que Dios le ha otorgado a Neil Anderson. Entre ellos se encuentra el mayor de mis hijos.

Kay Arthur
Autora de *As Silver Refined* y *God, Are You There?*
Vicepresidenta ejecutiva y cofundadora de Precept Ministries
Chattanooga, Tennessee

El Señor le ha dado a Neil Anderson un maravilloso modelo de asesoramiento y discipulado, que ha representado ser una genuina bendición para el Cuerpo de Cristo.

Bill Bright
Fundador y presidente, Campus Crusade for Christ International
Orlando, Florida

Entre las muchas cosas que aprecio del ministerio de Neil Anderson, su compromiso con la Palabra de Dios ocupa el primer lugar en mi lista. Neil acude a la Palabra de Dios para demostrar que la solución a los problemas se encuentra en la Palabra de vida, porque es ella la que nos lleva hacia el Señor de la vida.

Robert B. Bugh
Pastor titular, Wheaton Bible Church
Wheaton, Illinois

¡Ya es tiempo de que todos experimentemos verdadera libertad en Cristo! El doctor Neil Anderson comparte directrices y principios bíblicos sólidos sobre cómo puede un creyente ser usado por Dios para liberar al que está cautivo.

Paul A. Cedar
Presidente, Evangelical Free Church of America
Minneapolis, Minnesota

¡Neil Anderson toca uno de los puntos neurálgicos y de gran necesidad en el Cuerpo de Cristo! En el área del crecimiento espiritual, su ministerio demuestra solidez, confianza y —por encima de todo— su fundamento es bíblico y cristocéntrico. Lo recomiendo a él y a la obra que desempeña.

Jack W. Hayford
Presidente, The King's Seminary
Pastor fundador, The Church on the Way
Van Nuys, California

El doctor Neil Anderson ha desempeñado una labor magistral al tomar una verdad extremadamente compleja, y compartirla de manera tan sencilla que todos la pueden entender, y tan práctica que todos la pueden experimentar. Los principios de *Victoria sobre la oscuridad*, nos han servido en nuestra iglesia para discipular a creyentes maduros y a los recién convertidos. Como resultado de este esfuerzo, muchas vidas han sido transformadas por el poder de Dios.

Gerald Martin
Pastor, Cornerstone Church and Ministries
Harrisonburg, Virginia

Victoria sobre la oscuridad, es un libro muy necesitado, que ha sido escrito para todos los que anhelan crecer espiritualmente, y que además anhelan experimentar el gozo de la victoria espiritual en un mundo de oscuridad.

Robert L. Saucy
Escuela de Teología Talbot, Viola University
La Mirada, California

DÉCIMO ANIVERSARIO —EDICIÓN ACTUALIZADA Y AMPLIADA

VICTORIA
SOBRE LA OSCURIDAD

RECONOCE EL PODER DE TU IDENTIDAD EN CRISTO

NEIL T. ANDERSON

Publicado por
Editorial Unilit
Miami, Fl. 33172
Derechos reservados

© 2002 Editorial Unilit (Spanish translation)
Primera edición 2002

© 1990 por Regal Books (Primera edición)
© 2000 por Neil T. Anderson (Segunda edición)
Originalmente publicado en inglés con el título:
Victory Over the Darkness por Regal Books, una división de Gospel Light Publications,
2300 Knoll Drive, Ventura, California, 93003 U.S.A.
Todos los derechos reservados.

Traducido al español por: Rev. Pedro Vega

Citas bíblicas tomadas de la Santa Biblia, revisión 1960, © Sociedades Bíblicas Unidas.
Usada con permiso.

Producto 497578
ISBN 0-7899-1253-8
Impreso en Colombia
Printed in Colombia

Dedicatoria

A mi esposa Joanne, fiel compañera, apoyo ferviente, amiga y amante durante el largo proceso de llegar a ser la persona que Dios quiere que yo sea.

A Heidi y Karl, mis hijos, que han cargado con lo que significa ser hijos de pastor. Los quiero como a mis ojos, y les estoy agradecido por la parte que han tenido junto a mí en los años más difíciles de nuestra vida. Ustedes no pidieron un padre que estuviera en el ministerio, pero nunca los he oído lamentarse por ello. Gracias por ser los hijos maravillosos que han sido. Después de Dios son lo que más amo.

Contenido

"La esperanza para el crecimiento, la significación y la realización como cristiano se basa en la comprensión de lo que eres —específicamente tu identidad en Cristo— como hijo de Dios".

"Muchos cristianos no llevan una vida libre y productiva porque no entienden quiénes son... ni el cambio maravilloso que les ocurrió en el momento que confiaron en Cristo".

"Cuando tu sistema de fe está intacto y la relación con Dios se basa en la verdad... no será un gran problema desarrollar los aspectos prácticos del cristianismo cotidiano".

Reconocimientos

"Mi intención era escribir un libro cuando me jubilara. Amo el ministerio, y mi vida es la relación con otras personas en la enseñanza y la consejería. Por eso, cuando asistí a una conferencia para escritores en la Universidad de Biola a modo de preparación para mi primer año sabático como profesor de seminario, probablemente yo era el único allí presente que no quería escribir un libro".

Esas palabras las escribí hace 10 años, cuando entró en prensa este, mi primer libro. Desde entonces, se han publicado más de treinta libros, ediciones para jóvenes y guías de estudio. Es obvio que Dios tenía otros planes para mí. Ed Stewart me ayudó a escribir la primera edición de este libro, y una estudiante de Talbot llamada Carolina escribió a máquina el manuscrito original. Desde entonces he escrito y mecanografiado yo mismo mis escritos.

Estoy muy agradecido por el apoyo de Gospel Light. Gracias por confiar en mí y el mensaje de este libro. Me siento complacido y muy sorprendido de que se hayan vendido 700.000 ejemplares de la primera edición (espero que se hayan leído) y por las muchas traducciones distribuidas alrededor del mundo. Estoy igualmente complacido de que me hayan pedido hacer una segunda edición con motivo del décimo aniversario. Mucha agua ha pasado bajo el puente desde que se publicó la primera edición. He adquirido mucha experiencia en el arte de escribir y he madurado considerablemente. En consecuencia, creo que la segunda edición es un libro mucho mejor que la primera edición.

Me siento muy agradecido de la excelente facultad de la Universidad de Biola/Escuela de Teología Talbot, donde he tenido el privilegio de enseñar durante 10 años. Una gratitud especial para el doctor Robert Saucy, que ha sido mi mentor, amigo y teólogo favorito. Bob, no tienes idea lo mucho que valoro tu mente crítica y tu buena voluntad de leer lo que yo produzco.

Gracias a mis colegas en el Departamento de teología práctica de Talbot, Mick Boersma y Gary McIntosh. Valoro lo que han sido como amigos y me he deleitado teniéndoles como compañeros en el ministerio. El apoyo que me han dado ha sido valioso.

También doy gracias a los muchos estudiantes de Talbot quienes me han retado a ser fiel a la Palabra de Dios y quienes me han permitido compartir mi vida con ellos.

Sin embargo, nada de esto sería posible sin mis padres, Marvin y Bertha Anderson. Gracias a ustedes, porque mi herencia física facilitó mi acceso a la herencia espiritual. A través de mis mensajes han fluido miles de ilustraciones de la vida, tomadas de mi niñez y juventud en la granja de Minnesota. Gracias por haberme llevado fielmente a la iglesia y por el ambiente moral en que me crié.

He tenido el privilegio de ver que miles de personas descubren su identidad en Cristo y llevan vidas victoriosas. Me sobrecoge el pensamiento de que muchos otros han recibido ayuda por medio de la página impresa, y estoy agradecido de todos los que han hecho posible que así sea.

Introducción

Préstame tu esperanza

Hace varios años, durante mi primer ministerio pastoral, adquirí el compromiso de guiar en el discipulado cristiano a un joven de mi iglesia. Este fue mi primer intento formal de tener un discípulo. Russ y yo decidimos reunirnos todos los martes por la mañana, así yo podría guiarlo en un estudio bíblico inductivo acerca del amor. Ambos comenzamos esto con muchas esperanzas; por su parte, Russ tenía muchas ansias de crecer en su vida como cristiano y yo estaba deseoso de ayudarlo a desarrollarse hacia la madurez cristiana.

Seis meses más tarde, aún trabajábamos arduamente en el mismo estudio sobre el amor, pero no llegábamos a ninguna parte. Por alguna razón nuestra relación de Pablo y Timoteo no funcionaba. Parecía que Russ no crecía como cristiano, se sentía derrotado y yo me sentía responsable por su derrota, pero ya no sabía qué hacer con él. Nuestro primer y gran anhelo de conducir a Russ hacia la madurez cristiana se desinfló gradualmente, como un globo con un pequeño agujero, hasta que, eventualmente, interrumpimos nuestras sesiones.

Dos años más tarde, cuando yo estaba a cargo de otro ministerio, recibí una visita de Russ. Entonces, me contó lo que le sucedió durante nuestra breve relación, historia que revelaba una parte secreta de su vida que, hasta ese momento, yo no conocía. Russ estaba fuertemente atado al pecado y no estaba dispuesto a hablar conmigo de su lucha. Se podía sentir que él no era libre, pero yo no tenía ningún indicio de cuál era su problema.

Hasta ese momento, yo tenía poca experiencia con las personas que viven bajo la esclavitud del pecado y estaba dispuesto a seguir aprendiendo. Pensaba que el problema mayor era la negativa de Russ de cumplir con el material. Ahora, estoy seguro que mis intentos por guiarlo en el discipulado fallaron por otra razón.

El apóstol Pablo escribe: "Os di a beber leche, y no vianda, porque aún no erais capaces, ni sois capaces todavía, porque aún sois carnales; pues habiendo entre vosotros celos, contiendas y disensiones, ¿no sois carnales, y andáis como hombres? (1 Corintios 3:2-3) Aparentemente, por un problema sin resolver en su vida, muchos cristianos carnales no pueden recibir el alimento sólido de la Palabra de Dios.

Así comencé a comprender que guiar a alguien para alcanzar la madurez cristiana, involucra mucho más que guiarlo paso a paso a través de 10 semanas de estudios bíblicos. Vivimos en un país con abundancia de material bíblico; libros cristianos, radio y televisión, pero, a pesar de esto, muchos cristianos no avanzan hacia la madurez espiritual. Algunos no aman más hoy que hace 20 años. Leemos en 1 Timoteo: "Pues el propósito de este mandamiento es el amor nacido de corazón limpio, y de buena conciencia, y de fe no fingida" (1 Timoteo 1:5).

Desde entonces, el propósito de mi ministerio, como pastor y profesor de seminario, ha sido un ministerio interrelacionado de discipulado y consejería cristiana. He discipulado y aconsejado a innumerables personas. Además he enseñado discipulado y consejería pastoral a nivel de seminario, y en iglesias y conferencias de liderazgo a través de los Estados Unidos y alrededor del mundo. Ya había encontrado un común denominador para cada cristiano agobiado. Ninguno de ellos sabía que estaban "en Cristo", ninguno entendía qué significa ser "hijo de Dios." ¿Por qué no, si "El Espíritu mismo da testimonio a nuestro espíritu, de que somos hijos de Dios?" (Romanos 8.16), entonces, ¿por qué ellos no lo sentían así?

Como pastor, yo creía que Cristo era la respuesta y la verdad que haría libre a la gente, pero en realidad no sabía cómo. Algunas personas de mi iglesia tenían problemas para los cuales yo no tenía solución, pero Dios sí la tenía. Cuando el Señor me llamó a enseñar en la Facultad de Teología de Talbot, yo buscaba ansiosamente respuestas para mí mismo; luego, lentamente comprendí cómo ayudar a las personas a resolver sus conflictos espirituales y personales, por medio de un verdadero arrepentimiento con sometimiento a Dios y resistiendo al diablo (ver Santiago 4:7).

Durante mi educación en el seminario había aprendido sobre el Reino de Dios, pero nada sobre el reino de las tinieblas y que "No tenemos lucha contra sangre y carne, sino contra principados, contra potestades, contra los gobernadores de las tinieblas de este siglo, contra huestes espirituales de maldad en las regiones celestes" (Efesios 6:12). A través de innumerables e intensas horas de orientación a cristianos derrotados, comencé a entender la batalla que se gestaba en sus mentes y cómo podrían ser transformados por la renovación de las mismas.

Lamento pensar que nuestras iglesias han separado los ministerios del discipulado y la consejería. Muy a menudo, el discipulado cristiano ha llegado a ser un programa impersonal, a pesar de que se usa un buen material teológico. En cambio, la consejería cristiana es absolutamente personal, pero, algunas veces, existe una carencia en la parte teológica. Sostengo, que la rama del discipulado y la consejería son bíblicamente las mismas. Si eres una persona que conoce el discipulado serás un buen orientador y viceversa. Discipulado-consejería es el proceso en que dos o más personas se reúnen en la presencia de Cristo, aprenden cómo la verdad de la Palabra de Dios los hace libres, así se ajustan a la imagen de Él y van por el camino de la fe con el poder del Espíritu Santo.

Mientras aprendía esto, mi familia y yo atravesamos por una prueba muy dolorosa. Durante 15 meses estuve en el dilema de no saber si Joanne, mi esposa, viviría o moriría; gastamos todo lo que teníamos. El Señor me había dado algo muy querido para mí, y yo no lo podía arreglar. Sin importar lo que hiciera, las cosas no cambiaban. Dios me llevó hasta el límite, en que agoté todos mis recursos, para de esta forma, descubrirlo a Él. Este fue el nacimiento del Ministerio Libertad en Cristo. Ninguna persona que lea este libro sabe mejor que yo, que no puedo por mí mismo liberar absolutamente a nadie; sólo Dios puede hacerlo. No puedo consolar el corazón destrozado de nadie, sólo Dios puede. Él es el Maravilloso Consolador. El quebrantamiento es la llave para un ministerio efectivo y el ingrediente final para el discipulado–consejería. El mensaje y el método vienen unidos.

Con el pasar del tiempo, me convencí que el discipulado-consejería deben comenzar donde la Biblia comienza: Debemos tener un conocimiento verdadero acerca de Dios y que somos como niños para Él. Si realmente llegamos a conocerlo, nuestro comportamiento cambiará en forma inmediata y radical. En la Biblia, cuando el cielo se abrió para revelar la gloria de Dios, cada uno de los testigos fue cambiado en forma profunda e inmediata. Creo que para lograr la salud mental y espiritual, y alcanzar la libertad del espíritu, son necesarios el buen entendimiento de Dios y una buena relación con Él. Una buena base teológica es un prerrequisito indispensable para una buena sicología.

Algunas semanas después de una de mis conferencias, un amigo me contó la historia de una mujer cristiana que había asistido y a quien él había ayudado. Esta mujer vivió durante muchos años bajo una profunda depresión y, sólo había "sobrevivido" gracias al apoyo de sus amigos, tres sesiones de consejería a la semana, y una diversidad de drogas que le habían recetado.

Durante la conferencia esta mujer se dio cuenta de que su grupo de apoyo incluía a todos y a todo, excepto a Dios. No había entregado su angustia a Cristo y dependía de cualquier cosa, pero no de Él. Al terminar la conferencia se llevó el programa de estudios a su casa y comenzó a fijarse en su vida con Cristo y a sentir confianza en Él para entregarle sus necesidades; se deshizo de todo otro apoyo (decisión que personalmente no recomiendo) y se decidió a confiar sólo en Cristo para superar su depresión. Comenzó a vivir con una fe renovada y un corazón nuevo, así como el programa de la conferencia lo sugería. Al cabo de un mes, ella era una persona diferente. El buen conocimiento de Dios es un punto fundamental para ser un cristiano libre y maduro.

Otra materia que compete al discipulado y a la consejería es la responsabilidad individual de cada persona. Alguien que tomó la decisión de seguir a Cristo en forma seria, puede recibir beneficios de la consejería de otros, también puede ser ayudado a liberarse de su pasado, pero, como cristiano, es responsable de sí mismo para lograr la madurez y la libertad que Cristo entrega. Esto significa que nadie puede ayudarte a crecer, es tu decisión y tu propia responsabilidad. Nadie puede resolver tus problemas. Tú debes iniciar el camino y seguir a través de todo el proceso. Afortunadamente, sin embargo, nadie puede andar solo por el camino de la madurez y la libertad, ya que Cristo está dispuesto a dar con nosotros cada paso.

Este es el primero de dos libros que he escrito, basados en mi educación y experiencia en discipulado y consejería a otros y está enfocado hacia los aspectos fundamentales de la vida y madurez en Cristo; podrás descubrir quién eres en Él y cómo vivir en la fe. Aprenderás a caminar con el Espíritu y a ser sensible a Su liderazgo. Él camino de la gracia se vive por fe en el poder del Espíritu Santo.

También, descubrirás la naturaleza de la batalla contra tu mente y aprender porqué tu mente debe ser transformada para que vivas en fe y crezcas en espiritualidad. Podrás controlar tus emociones negativas y sentirte libre de los traumas emocionales de tu pasado, todo esto, a través de la fe y el perdón.

Mi segundo libro, *Rompiendo las cadenas* (Editorial Unilit) trata sobre nuestra libertad en Cristo y los conflictos espirituales que los cristianos de hoy deben enfrentar. Vivir y ser libres en Cristo son requisitos fundamentales para madurar en Él, ya que no podemos crecer en forma instantánea. Nos toma gran parte de la vida renovar nuestra mente y hacernos a su imagen, pero por el contrario, no nos toma tiempo darnos cuenta de nuestra verdadera identidad y de la libertad que Cristo nos entrega. El mundo, la carne y el diablo son los enemigos de nuestra santificación, pero estos fueron y, volverán a ser vencidos por Cristo.

Sugiero, terminar de leer este libro primero, aprender sobre la vida y el crecimiento en Cristo y, luego, profundizar en el tema de los conflictos espirituales y la libertad, leyendo *Rompiendo las cadenas*.

Victoria sobre la oscuridad está escrito según el modelo de una Epístola del Nuevo Testamento. La primera mitad de este libro es de doctrina y define algunos términos que son necesarios para el buen entendimiento y la buena aplicación de los capítulos que le siguen.

Tal vez te veas tentando a saltar la primera mitad de este libro, porque te parezca menos importante para la experiencia diaria. Pero es esencial discernir tu posición y victoria en Cristo, para poder poner en práctica el crecimiento en Él. Necesitas saber lo que debes creer, antes de poder entender lo que tienes que hacer.

He sostenido muchas conversaciones con personas como Russ, mi primer discípulo. Son cristianos, pero no han crecido ni tampoco han rendido frutos. Quieren servir a Cristo, pero no logran alcanzar la cima ni tampoco parecen tener éxito con una vida significativa y fructífera. Necesitan restablecer su esperanza en Cristo, como el siguiente poema lo indica:

Préstame tu esperanza por un momento,
    al parecer he perdido la mía.
El dolor y la confusión son mi compañía.

No sé dónde fijar la mirada.
    y al mirar hacia delante, el futuro
    parece no brindarme una nueva esperanza
Sólo veo caos, días dolorosos y más tragedia.

Préstame tu esperanza por un momento,
    al parecer he perdido la mía
Toma mi mano y abrázame;
    escucha todas mis confusiones;
    la recuperación parece tan lejana.
El camino hacia el alivio se ve largo y solitario.

Préstame tu esperanza por un momento,
    al parecer he perdido la mía;
Apóyame, ofréceme tu mano, tu corazón y tu amor;
    descubre mi dolor, que es tan real y está siempre presente.
Me encuentro sumergido en el dolor
    y en pensamientos incoherentes.

Préstame tu esperanza por un momento;
    llegará el tiempo en que la herida cicatrice,
    y compartiré mi restauración,
    la esperanza y el amor con otros.[1]

¿Reflejan estas palabras tu experiencia o hacen eco de tu súplica como creyente? ¿Alguna vez te has sentido rodeado por el mundo, la carne o el diablo y entonces has llegado a pensar si vale la pena ser cristiano? ¿Has sentido el temor de no llegar a ser lo que Dios te llama a ser? ¿Anhelas verte a ti mismo como un cristiano maduro que ya haya vivido las promesas de libertad de la Palabra de Dios?

Quisiera compartir contigo mi esperanza en las páginas siguientes. Tu madurez es el resultado del tiempo, la fuerza, la aflicción, las dificultades, el buen conocimiento de la Palabra de Dios, también de que comprendas quién eres realmente en Cristo y de la presencia del Espíritu Santo en tu vida. Es probable que ya cuentes con los primeros cuatro elementos en forma abundante, como la mayoría de los cristianos, pero quiero sumar dosis en abundancia de los últimos tres. Cuando los cristianos viven y son libres en Cristo, ¡Vean como crecen!

Nota:
1. Adaptación del poema "Lend Me Your Hope" (Préstame tu esperanza) autor desconocido.

Capítulo 1

¿Quién eres?

Realmente, me agrada preguntarle a la gente "¿quiénes son?" Parece ser una pregunta sencilla que requiere de una fácil respuesta, pero en el fondo no es así. Por ejemplo, si alguien me preguntara:

—¿Quién eres? —Yo debería responder "Neil Anderson".

—No, ese es tu nombre. ¿Quién eres?

—Oh, soy profesor del seminario.

—No, ese es tu trabajo.

—Soy norteamericano.

—Ese es el lugar donde vives.

—Soy evangélico.

—Esa es tu denominación.

También podría decir que mido 5 pies y 9 pulgadas y que, actualmente, peso 150 libras, honestamente, un poquito más de 150 libras. De todas maneras, mis medidas y mi apariencia física tampoco responden a quién soy. Si amputaran mis brazos y mis

23

piernas ¿seguiría siendo yo? Si transplantan mi corazón, riñones o hígado, ¿seguiría siendo yo? Por supuesto que sí. Incluso si siguen amputando partes de mi cuerpo aún estaré allí en algún lugar. Pero insisto, ¿quién soy? La respuesta va más allá de lo que parece.

El apóstol Pablo dijo: "De manera que nosotros de aquí en adelante a nadie conocemos según la carne" (2 Corintios 5:16) Puede ser que la Iglesia Primitiva no hiciera esto, pero nosotros, por lo general, sí lo hacemos. Esto sucede porque tendemos a identificarnos a nosotros mismos y a los demás por lo que somos físicamente (alto, bajo, robusto, esbelto) o también por lo que hacemos (plomero, carpintero, enfermera, ingeniero, oficinista).

Incluso, cuando como cristianos nos piden nuestra identificación con relación a nuestra fe, casi siempre respondemos cual es nuestra posición doctrinal (protestante, evangélico, calvinista, carismático), o respondemos cual es nuestra denominación (bautista, presbiteriano, metodista, independiente) o nuestro trabajo en la iglesia (profesor de la escuela dominical, miembro del coro, diácono, ujier).

¿Será que lo que hacemos determina quiénes somos? o ¿lo que somos determina lo que hacemos? Esta pregunta es muy importante, en especial cuando se trata de la madurez de un cristiano. Me atengo a esta última. Creo que la esperanza de crecer, siendo y cumpliendo los requisitos de un cristiano, se basan en entender quiénes realmente somos, específicamente, nuestro ser en Cristo como hijos de Dios. La comprensión de quién es Dios y quién eres tú en relación a Él es el fundamento más importante para tu estructura de creencia y tus patrones de comportamiento como cristiano.

ECUACIONES FALSAS EN LA BÚSQUEDA DE LA IDENTIDAD

Hace algunos años, una joven de 17 años vino desde muy lejos para conversar conmigo. Nunca he conocido a una muchacha que tuviera tantas ventajas. Era tan hermosa como una modelo.

Impecablemente vestida. Había terminado 12 años de estudios en tan sólo 11 y fue una de las mejores graduadas de su clase; tenía un talento único para la música y manejaba un auto deportivo nuevo que sus padres le habían regalado el día de su graduación. Al verla, me impresionaba pensar que una sola persona pudiera poseer tanto.

Conversamos alrededor de una hora y media y, durante ese lapso de tiempo, comencé a darme cuenta de que lo que veía en su exterior no concordaba con lo que lograba ver en su interior.

—María —le dije finalmente—, ¿alguna vez, has llorado mientras estas sola o antes de quedarte dormida, debido a que te sientes mal contigo misma y quisieras ser otra persona?

María comenzó a llorar y me preguntó que cómo sabía lo que le estaba pasando.

—Para ser sincero —le dije—. He aprendido que la gente que parece tenerlo todo exteriormente, en realidad se encuentran vacíos en su interior. Podría hacerle la misma pregunta a cualquier persona en algún momento de su vida y sé que voy a obtener la misma respuesta.

Muchas veces, los seres humanos mostramos una máscara, la que nos sirve para ocultar los verdaderos sentimientos sobre nosotros mismos. El mundo sólo nos toma en cuenta si somos personas atractivas, si nos va bien en lo que hacemos o si gozamos de un nivel social elevado. De esta forma, en nuestro exterior, tendríamos todo lo que deseáramos, pero lamentablemente, esto no refleja siempre la realidad, ya que la apariencia exterior no refleja, ni produce, paz ni madurez en nuestro ser interior.

En su libro *La sensación de ser alguien*, Maurice Wagner, escribe sobre esta falsa creencia, utilizando una forma muy simple de comparación matemática. Nos dice que las personas creemos que una buena apariencia, más la admiración de los demás nos da como resultado una persona feliz, también dice, que pensamos que un buen rendimiento, más el cumplimiento de nuestras tareas también da como resultado una persona feliz y que creemos que un nivel social elevado más el reconocimiento de otros da el mismo resultado anterior. Pero, lamentablemente, esto no es más real que 2 + 2 son 6.

Wagner escribe:

> Si tratamos de encontrar, por nuestros propios medios, la sensación de ser alguien, por nuestra apariencia física, nuestro actuar, o nivel social, siempre nos sentiríamos poco satisfechos. Cualquiera sea la cumbre de nuestra propia identidad, conseguiremos derrumbarla rápidamente, dado que somos presionados por la hostilidad, el rechazo o la crítica, por ser examinados o por la culpabilidad, los temores y ansiedades. No podemos hacer absolutamente nada para ser amados y aceptados en forma inmediata e incondicional.[1]

Si esto sirviera para alguien, podría haber servido para el rey Salomón, rey de Israel durante los años más prósperos de su historia. Salomón gozaba de poder, rango, riqueza, bienes y mujeres. Si una vida significativa es el resultado de una buena apariencia, la admiración, el talento, el nivel social y el reconocimiento, Salomón debería haber sido el hombre más completo que jamás haya existido.

Este rey no sólo poseía todo lo que una humanidad perdida podría esperar, también Dios le concedió más sabiduría que a cualquier otro mortal. ¿Cuál fue su final? "Vanidad de vanidades...todo es vanidad" (Eclesiastés 1:2.) Salomón deseaba encontrar el propósito y el significado de una vida sin Dios, entonces escribió un libro sobre esto. El libro de Eclesiastés nos describe lo inútil del ser humano cuando desea encontrar una vida significativa en un mundo perdido y sin Dios. Millones de personas escalan los peldaños del "éxito" y, cuando llegan a la cima, descubren que los peldaños se desviaban hacia una vía equivocada.

También tendemos a aceptar el lado negativo de la ecuación, que el éxito es igual a la satisfacción, y pensamos que si alguien no tiene nada, esta persona no tiene ninguna esperanza de ser feliz.

Aprovecho para dar un ejemplo que utilicé hace años con un estudiante:

"Imagina que a tu universidad asiste una joven con cuerpo de papa, pelo hebroso, tropieza cuando camina y tartamudea cuando habla. Tiene una fea apariencia y se esfuerza mucho en estudiar para sacar sólo notas que, en realidad, no sobresalen. ¿Tendría ella alguna esperanza de alcanzar la felicidad?"

Pensó durante un momento y me respondió que lo más probable era que ella no tuviera ninguna esperanza.

Es posible que su respuesta sea correcta para el reino en la tierra, donde la gente vive sólo pensando en el plano exterior y la felicidad sólo se relaciona con una linda apariencia, relacionarse con gente importante, tener un buen trabajo y una cuenta abundante en el banco. La vida carente de estos "beneficios", frecuentemente, es igual a desesperanza.

Pero ¿qué sucede en el Reino de Dios? Las ecuaciones que dicen que el éxito es igual a la felicidad y que el fracaso es igual a la inutilidad, no existen. En el Reino de Dios todos tenemos exactamente las mismas oportunidades de tener una vida feliz, debido a que una vida significativa no es el producto de lo que tenemos o no tenemos, de lo que hemos hecho o no hemos hecho. Tú, ya eres toda una persona que tiene una vida de inmenso significado y propósito, tan sólo por lo que eres, un hijo de Dios. Lo único que existe y funciona en el Reino de Dios eres tú más Cristo que nos da como resultado la aceptación y el sentido del ser.

Si nuestra relación con Dios es la llave para la propia aceptación, ¿por qué tantos creyentes luchan contra su propia identidad, seguridad, significado, sentido de lo que vale la pena y madurez espiritual? Probablemente la primera razón sea por ignorancia. El profeta Oseas dice: "Mi pueblo fue destruido porque le faltó conocimiento" (Oseas 4:6). Pero para otras personas la razón se atribuye a la carne, la falta de arrepentimiento y fe en Dios y para otros es que han sido engañados por el padre de las mentiras. Este engaño llegó a mí hace algunos años, cuando orientaba a una joven cristiana que estaba siendo víctima de una opresión satánica:

—¿Quién eres? —le pregunté.

—Soy malvada —respondió ella.

—No eres mala, ¿cómo podría una hija de Dios ser malvada? ¿Te ves a ti misma como una mala persona?

Entonces ella asintió con la cabeza.

Posiblemente, había hecho cosas malas, pero en el fondo de su ser, no era una persona malvada y esto lo comprobé por el profundo arrepentimiento que demostró después de haber pecado. Esta joven estaba basando su identidad en una ecuación equivocada. En vez de ver la verdad, estaba dejando que las acusaciones de Satanás la influenciaran en la percepción de sí misma.

Lamentablemente, muchos cristianos se ven envueltos en el mismo problema. Nosotros, como seres humanos, fallamos y, por lo tanto, nos vemos a nosotros mismos como personas fracasadas, que sólo somos capaces de seguir fracasando durante nuestras vidas. También pecamos, y nos vemos como pecadores que sólo agregan más pecado.

Hemos sido inducidos a creer que lo que hacemos determina lo que somos. Este pensamiento erróneo nos lleva a sentirnos rodeados por desesperanza y más derrota.

LO ÚNICO QUE EXISTE Y FUNCIONA EN EL REINO DE DIOS ERES TÚ MÁS CRISTO, QUE NOS DA COMO RESULTADO LA ACEPTACIÓN Y EL SENTIDO DEL SER.

Pero, por otro lado, "El Espíritu mismo da testimonio a nuestro espíritu, de que somos hijos de Dios" (Romanos 8:16). Dios quiere que sepamos quiénes somos para comenzar a vivir en consecuencia. Ser un hijo de Dios, o sea, estar vivo y libre en Cristo, debería determinar lo que hacemos. Estamos ocupados en nuestra salvación (Filipenses 2:12), no trabajando por ella.

LA CREACIÓN ORIGINAL

Para comprender el Evangelio y quiénes somos en Cristo, necesitamos tomar en cuenta la importancia de la Creación y la subsiguiente caída de la humanidad (Ver la figura 1-A). En Génesis 2:7 leemos: "Entonces Jehová Dios formó al hombre del polvo de la tierra, y sopló en su nariz aliento de vida, y fue el hombre un ser viviente". Esta combinación de polvo de tierra y aliento de vida es lo que forma al ser humano.

Muchos teólogos han discutido acerca de los miembros de la raza de Adán. Algunos sostienen que esta raza esta constituida de 2 ó 3 partes. Esta tricotomía sería: cuerpo, alma (que incluye la mente, emociones y voluntad) y espíritu. Por otro lado, hay otros que creen en la dicotomía del ser humano, y esta estaría constituida por una parte material y una parte no material, o sea, una identidad exterior y otra interna. Dicen que el alma y el espíritu son exactamente lo mismo.

Para terminar con el problema, describiremos quiénes somos desde una perspectiva realmente eficaz. Basta con decir que contamos con una parte externa, es decir, con un cuerpo, el que se relaciona con el mundo a través de sus cinco sentidos, y por último, contamos con una parte interna, la que se relaciona con Dios y está hecha conforme a Su imagen (Génesis 1:26,27). Ser creados conforme a la imagen de Dios nos da la capacidad de elegir, de pensar y de sentir. Una vez que Dios sopló en su nariz aliento de vida, Adán estuvo física y espiritualmente vivo.

Físicamente vivo

La vida física que hemos heredado de Adán la podemos encontrar descrita en el Nuevo Testamento, por el vocablo *bios*. Bios describe la unión de tu cuerpo físico con tu parte no material —mente, emociones y voluntad. Estar vivos físicamente significa que el alma o el alma/espíritu se encuentra en unión con el cuerpo y, la muerte física significa su separación del cuerpo transitorio.

En la Biblia, morir significa "ser separado de" y vivir, "estar en unión con". Pablo dice que estar ausente del cuerpo es estar presente en el Señor (ver 2 Corintios 5:8). Obviamente, lo que somos abarca mucho más que nuestro cuerpo material, ya que, este es dejado atrás cuando morimos físicamente, pero de todas maneras estaremos presentes en el Señor.

CREACIÓN ORIGINAL Génesis 1,2

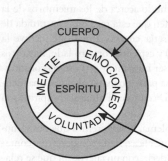

Vida física *(bios)s*
El cuerpo en unión con el alma y el espíritu

Vida espiritual *(zoe)*
Alma y espíritu en unión con Dios

1. Significado —El hombre tenía un propósito divino. (Génesis 1:28).
2. Protección y seguridad —Todas las necesidades del hombre fueron satisfechas (Génesis 1:29).
3. Pertenencia —El hombre tiene un sentir de pertenecer (Génesis 2:18).
   bios —El alma en unión con el cuerpo.
   zoe —El alma en unión con Dios.

FIGURA 1-A

A pesar de que nuestra identidad va más allá de lo físico, no podríamos vivir sin el cuerpo, es decir, nuestra parte no material necesita de la material para sobrevivir en este mundo.

Podríamos decir, como ejemplo, que nuestro cerebro es como el *hardware* de una computadora y nuestra mente, no material, es como el *software*. Un computador necesita el software para funcionar y, a su vez, el *software* necesita de la computadora. Necesitamos de nuestro cerebro físico para controlar movimientos y reacciones, pero también necesitamos de nuestra mente no material para razonar y realizar juicios valorativos. Nuestro cerebro no podría funcionar independientemente a como ha sido programado. El más fino cerebro humano no puede lograr nada dentro de un cuerpo que no posee la mente. Nuestra mente puede puede estar perfectamente programada, pero si nuestro cerebro sufre alguna enfermedad como la de Alzheimer, no podríamos desarrollarnos bien como personas.

Durante el tiempo que vivamos en el mundo, tendremos que hacerlo en un cuerpo físico. Por tanto, cuidaremos de nuestros cuerpos lo mejor que podamos ejercitándonos, comiendo correctamente, etc. Pero la verdad es que nuestro físico, a medida que el tiempo pasa, se deteriora y decae. No luzco igual a como lucía 20 años atrás, y no tengo gran expectativa para los próximos 20 años. En 2 Corintios 5:1-4, Pablo dice que el cuerpo de un creyente es un tabernáculo temporal donde mora nuestra alma. Usando esta ilustración, tengo que confesar que ¡los soportes de mi tabernáculo se están cayendo, y mis costuras se están deshaciendo! A mi edad, estoy contento de saber que soy más que este simple traje desechable que uso aquí en la tierra.

Espiritualmente vivo

También hemos heredado de Adán la capacidad de una vida espiritual. Pablo escribe: "Por tanto, no desmayamos; antes aunque este nuestro hombre exterior se va desgastando, el interior no obstante se renueva de día en día" (2 Corintios 4:16). Aquí, él se refiere a la vida espiritual del creyente, la que no envejece ni se deteriora como la cáscara del exterior. Estar espiritualmente vivo —definido en el Nuevo Testamento por el vocablo *zoe*— significa que el alma o el alma/espíritu está viva en unión con Dios. Esa es la condición en que fue creado Adán, física y espiritualmente vivo, en unión perfecta con Dios.

Para los cristianos, estar espiritualmente vivos es estar en unión con Dios. La vida espiritual se refleja más en el Nuevo Testamento como "estar en Cristo" o "en Él". Como Adán, fuimos creados para estar en unión con Dios. Como veremos en los próximos capítulos, Adán pecó y, por eso, esta unión se rompió. Por esto, el plan eterno de Dios fue tener a la humanidad consigo nuevamente y, restaurar la unión que Él compartía con Adán en el tiempo de la Creación. Esta restauración de la unión con Dios, la encontramos "en Cristo" y esto es lo que nos define como hijos de Dios.

Significado

Durante la creación original, la humanidad tenía un propósito divino. El hombre tenía dominio sobre todas las criaturas: "Entonces dijo Dios: Hagamos al hombre a nuestra imagen, conforme a nuestra semejanza; y señoree en los peces del mar, en las aves de los cielos, en las bestias, en toda la tierra, y en todo animal que se arrastra sobre la tierra. Y creó Dios al hombre a su imagen, a imagen de Dios lo creó; varón y hembra los creó" (Génesis 1:26,27).

Adán no tenía que buscar un significado, todo eso era resultado de la creación misma. Satanás debió arrastrarse sobre su vientre como una serpiente ante la presencia de Dios, entonces, después que Adán pecó y perdió la relación que sostenía con Dios, usurpó la autoridad entregada a Adán y a sus descendientes.

Protección y seguridad

Adán no sólo tenía sentido de significado, también disfrutaba de protección y seguridad. Todas sus necesidades eran satisfechas.

Génesis 1:29,30 dice: "Y dijo Dios: He aquí que os he dado toda planta que da semilla, que está sobre toda la tierra, y todo árbol en que hay fruto y que da semilla; os serán para comer. Y toda bestia de la tierra, y a todas las aves de los cielos, y a todo lo que se arrastra sobre la tierra, en que hay vida, toda planta verde les será para comer. Y fue así". Todo lo que Adán necesitaba se encontraba en el Huerto. Todas sus necesidades estaban provistas. Él podría comer del árbol de la vida y vivir para siempre. Se encontraba protegido y seguro en la presencia de Dios.

Pertenencia

Adán aparentemente disfrutaba de una comunión íntima, uno a uno, con Dios, pero algo sucedió. "Y dijo Jehová Dios: No es bueno que el hombre esté solo; le haré ayuda idónea para él" (Génesis 2:18). Adán y Eva, no solamente pertenecían a Dios, a su vez, se pertenecían el uno al otro. Cuando Dios crea a Eva se consolida una relación humana de gran significado entre ella y Adán, una relación abierta y compartida el uno con el otro. Ambos se encontraban desnudos y no sentían vergüenza, ya que no tenían nada que esconder, porque sus cuerpos eran limpios. Dios creó al hombre y a la mujer y les dijo que fructificaran y se multiplicaran. Ellos podrían, abiertamente, haber tenido una relación sexual en la presencia de Dios.

LOS EFECTOS DE LA CAÍDA

Lamentablemente, el marco ideal que se vivía en el Jardín del Edén fue quebrantado. Génesis 3 nos lleva a la triste historia que Adán y Eva tuvieron que vivir al perder su relación con Dios debido al pecado. Los efectos de su caída fueron dramáticos, inmediatos y de largo alcance. Efectos que provocaron consecuencias para todos los miembros del género humano.

Muerte espiritual

¿Qué sucedió con Adán y Eva espiritualmente luego de su caída? Murieron. Su unión con Dios fue dañada y fueron separados de Él. Dios específicamente había dicho: "Del árbol de la ciencia del bien y del mal no comerás; porque el día que de él comieres, ciertamente morirás" (Génesis 2:17). Así, en cuanto comieron, murieron.

¿Murieron físicamente? No de forma inmediata, a pesar de que la muerte física debería ser, también, consecuencia de la Caída. Adán y Eva murieron espiritualmente, fueron separados de la presencia de Dios. Físicamente, fueron echados del Jardín del Edén: "Echó, pues, fuera al hombre, y puso al oriente del huerto de Edén querubines, y una espada encendida que se revolvía por todos lados, para guardar el camino del árbol de la vida" (Génesis 3:24). Algunos creen que este acto conserva un camino de regreso como plan de Dios para una salvación revelada.

LOS EFECTOS DE LA CAÍDA Génesis 3:8-4:9

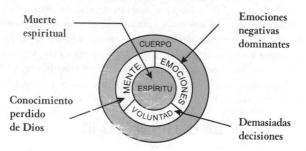

1. *Rechazados*: ¡Necesitamos sentir que pertenecemos a alguien!
2. *Vergüenza y culpabilidad*: ¡Necesitamos un sentir de valor propio!
3. *Debilidad e impotencia*: ¡Por tanto, necesitamos fuerza y autocontrol!

Nota:
Todo comportamiento pecaminoso es un intento equivocado de cumplir las necesidades básicas. La esencia del pecado es el hombre viviendo independiente de Dios, quien ha dicho que suplirá todas nuestras necesidades cuando vivamos nuestras vidas en Cristo.

Figura 1-B

Así como nosotros heredamos la vida física de nuestros primeros padres, también heredamos su muerte espiritual (Romanos 5:12; 1 Corintios 15:21,22). Por lo tanto, todo ser humano venido a este mundo, nace físicamente vivo, pero espiritualmente muerto y separado de Dios (ver Efesios 2:1).

Pérdida del conocimiento de quién es Dios

¿Qué efectos produjo la Caída en la mente de Adán? Él y Eva perdieron la verdadera percepción de lo real y perdieron también el conocimiento de quién es Dios. Leemos en Génesis 3:7,8 que ellos trataron de esconderse de Dios. Esto nos revela que ya no sabían quién era Dios, porque ¿cómo podemos escondernos de su omnipresencia? Pablo nos describe el pensamiento errado de quienes no le conocen "teniendo el entendimiento entenebrecido, ajenos de la vida de Dios por la ignorancia que en ellos hay, por la dureza de su corazón" (Efesios 4:18).

En esencia, cuando Adán y Eva pecaron perdieron el verdadero conocimiento de Dios. En el designio original de Dios, el conocimiento era una relación. Para los hebreos, el conocimiento de Dios, implica una relación íntima y personal con Él. Por ejemplo, "Conoció Adán a su mujer Eva, la cual concibió" (Génesis 4:1). Sin embargo, nosotros, por lo general, no comparamos un conocimiento de alguien con la intimidad personal. Cuando ellos pecaron y fueron desterrados del Jardín, Adán y Eva perdieron su relación con Dios y el conocimiento de Él, lo que había sido intrínseco a la relación.

En nuestro estado no regenerado, quizá sabemos algo *acerca de* Dios, pero en realidad no le *conocemos*, ya que no tenemos ninguna relación con Él. "Pero el hombre natural no percibe las cosas que son del Espíritu de Dios, porque para él son locura, y no las puede entender, porque se han de discernir espiritualmente" (1 Corintios 2:14).

La necesidad de tener una relación con Dios para poder conocerlo, está claramente expuesto en el anuncio de Juan: "Y aquel

Verbo" [*Logos* en griego] "fue hecho carne" (Juan 1:14). Este anuncio tiene un gran significado en un mundo profundamente influenciado por la antigua filosofía griega. Para los filósofos griegos, *logos* representa la forma más alta de conocimiento filosófico. Al decir que el Verbo fue hecho carne significa que *logos* es encarnado, ese conocimiento definitivo llega a ser personal y relacional. Jesús encarna la verdad, porque Él es la verdad. No podemos separar su Palabra de lo que Él es. En hebreo *dabar*, significa "palabra", que, también, expresa la indiscutible sabiduría de Dios.

En el Evangelio de Juan, podemos encontrar estas dos culturas y estos dos conceptos juntos en Cristo.

LA VERDAD (CRISTO Y SU PALABRA) DEBERÍA HACERNOS LIBRES Y PERMITIRNOS SER CONFORME A LA IMAGEN DE DIOS.

Dios nos dice, por medio de Juan, que el verdadero conocimiento de Dios, el conocimiento que sólo se descubre a través de una relación personal con Él, lo podemos alcanzar, ahora, en la tierra, ya que Dios se hizo carne —Cristo Jesús. Con Cristo, podemos conocer a Dios en forma personal, porque hemos recibido "La mente de Cristo" en nuestro ser interior para salvación (1 Corintios 2:16).

Esta verdad tiene una profunda importancia en la educación cristiana. Por ejemplo, el conocimiento del mundo occidental no es más que una recopilación de datos. Esta clase de conocimiento nos envanece, pero el amor nos edifica (1 Corintios 8:1). Pablo dice: "Pues el propósito de este mandamiento es el amor nacido de corazón limpio, y de buena conciencia, y de fe no fingida" (1 Timoteo 1:5). La verdad (Cristo y su Palabra) debería hacernos libres y permitirnos ser conforme a la imagen de Dios. "En esto conocerán todos que sois mis discípulos, si tuviereis amor los unos con los otros" (Juan 13:35).

Emociones negativas que nos dominan

Adán y Eva, aparte de estar enceguecidos con relación a su entendimiento, también llegaron a ser personas temerosas y angustiadas. Miedo, es el primer sentimiento que aparece luego de la caída de la humanidad (Génesis 3:10). El temor a nadie más que a Dios, es recíprocamente, exclusivo de la fe en Él. ¿Por qué el temor a Dios es el primer paso para alcanzar sabiduría y cómo este temor echa fuera todos los demás temores? (Ver Proverbios 9:10.)

Mientras escribía el libro "Libre del miedo", con mi colega Rich Miller, me di cuenta que vivimos en una "era de angustia". En el mundo, la gente se encuentra paralizada por el miedo a todo y a todos, excepto a Dios. Chuck Colson dijo: "Para que la iglesia de occidente viva, debe resolver sus crisis de identidad, quedarse en la verdad, renovar su visión... y, más que cualquier otra cosa, necesita recobrar el temor a Dios".[2]

Otros sentimientos que provienen del pecado son la vergüenza y la culpabilidad. Antes que Adán y Eva desobedecieran a Dios, estaban desnudos y no sentían vergüenza (Génesis 2:25). Dios los había creado como seres sexuales. Sus órganos sexuales y su actividad sexual eran sagrados. Pero, cuando pecaron sintieron vergüenza de estar desnudos y tuvieron que cubrirse (ver 3:7). La mayoría de las personas usan máscaras para ocultar lo que en realidad hay en su interior y viven con el miedo de que alguien los descubra. Cuando a una persona la dominan la culpabilidad y la vergüenza, es poco probable que se revele ante los demás.

Asimismo, la depresión y la ira en el ser humano son resultados de la Caída. Cuando Caín presenta su ofrenda, por alguna razón Dios no miró con agrado a él ni a su ofrenda. "Pero no miró con agrado a Caín y a la ofrenda suya. Y se ensañó Caín en gran manera, y decayó su semblante. Entonces Jehová dijo a Caín: ¿Por qué te has ensañado, y por qué ha decaído tu semblante? Si bien hicieres, ¿no serás enaltecido? Y si no hicieres bien, el pecado está a la puerta; con todo esto, a ti será su deseo, y tú te enseñorearás de él" (Génesis 4:5,7).

¿Por qué Caín sentía ira y depresión? Porque no había hecho lo correcto. En otras palabras Dios dice: "Si sientes que no vas por un buen camino, conduce tu camino a los buenos sentimientos", y Jesús dijo: "Si sabéis estas cosas, bienaventurados seréis si las hiciereis" (Juan 13:17).

Mientras investigaba y escribía el libro "Reencuentro con la esperanza", noté que la gente sufre una "epidemia de melancolía" durante esta "era de angustia". La depresión es un mal tan común que, en el ambiente médico, le llaman el "resfrío común" de las enfermedades mentales. Incluso, en Estados Unidos el número de visitas a doctores, con un diagnóstico que resulta ser depresión, llegó a aumentar al doble entre 1985 y 1995, también adquiere un incremento aún mayor en el siglo veinte.[3]

Demasiadas posibilidades de elección

El pecado de Adán y Eva, también afectó su capacidad de elección. Ambos tenían solo una posibilidad de hacer una mala elección en el Jardín del Edén. Todo lo que hicieran estaba correcto, excepto comer del árbol de la ciencia del bien y del mal (Génesis 2:16,17). Ellos tenían la posibilidad de tomar una miríada de buenas elecciones y, sólo una de tomar una mala —*¡Tan sólo una mala decisión!*

Finalmente, sin embargo tomaron esa elección equivocada. Debido a esa mala elección, todos estamos enfrentados, día a día, a millones de buenas *y* malas elecciones. Aparte del poder del Espíritu Santo en nuestras vidas, el poder más grande que poseemos es el poder de elección. Podemos elegir orar o no orar, leer nuestra Biblia o no leerla, asistir a la iglesia o no asistir, es decir, podemos elegir andar en la carne o en el Espíritu.

Los atributos se vuelven necesidades

Otra gran consecuencia del pecado es que los atributos de la humanidad, antes de la Caída, llegan a ser grandes necesidades después de ella. Esto, específicamente, ocurre en 3 áreas, que hasta el día de hoy están vigentes en nuestras vidas.

1. *La aceptación fue reemplazada por el rechazo; por eso, tenemos la necesidad de pertenencia.* Incluso, antes de la Caída, Adán sentía la necesidad de pertenencia. Su necesidad de pertenecer a Dios estaba satisfecha con su compañía en el Jardín. Pero de todas las cosas que eran buenas en ese Jardín la única "no buena" era que Adán se encontraba solo (Génesis 2:18). Así es como Dios crea a Eva y satisface la necesidad de Adán.

Aunque el pecado de Adán y Eva los alejó de Dios y, también, trajo conflictos dentro de las relaciones humanas, aún experimentamos una necesidad de pertenencia. Aunque la gente tenga un encuentro verdadero con Cristo y satisfaga su necesidad de pertenecer a Él, necesitan sentirse aceptadas en el círculo social del pueblo de Dios.

Si la iglesia no da la oportunidad de fortalecer la amistad entre sus miembros, terminarán buscándola fuera de la iglesia. Quienes han estudiado las tendencias de crecimiento de la iglesia, aseguran que pueden hacer que la gente encuentre a Cristo, pero si no logran que nazca una amistad entre sus miembros, lamentablemente, la iglesia los perderá en poco tiempo. La unión espiritual en Cristo —llamada *koinonia* en el Nuevo Testamento— no es sólo algo bonito que la iglesia debe proveer; sino que es una necesidad que *tiene* que proveer.

Nadie entenderá el poder de las presiones sociales en nuestra cultura, hasta que comprenda la necesidad legítima de pertenencia y el temor al rechazo que todos compartimos.

2. *La inocencia fue reemplazada por la culpabilidad y la vergüenza, de ahí nace la necesidad de reconstruir el sentimiento de merecer.* Los expertos que trabajan ayudando a otras personas a resolver sus problemas, concuerdan que la humanidad sufre y lucha con la sensación de que no vale la pena. La crisis de identidad y la imagen negativa de sí mismo ha sido el drama de la humanidad desde la Caída. El consejo del mundo secular de elevarnos

mutuamente el ego y de levantarnos a nosotros mismos por nuestros propios medios, no es una respuesta satisfactoria. Nuestro sentido del valor no es algo relacionado con dotación, talentos, inteligencia o belleza. El sentido del valor personal proviene de entender que somos hijos de Dios y del crecimiento de nuestro carácter. Hablaremos sobre la dimensión de nuestra identidad en Cristo y cómo esto ayuda a nuestro sentido del valor personal en los capítulos siguientes.

3. *El dominio fue reemplazado por la debilidad y la falta de ayuda, por eso necesitamos fuerza y autocontrol*. La gente tiende a controlar estas necesidades disciplinándose a sí mismas, o bien, buscan controlar y manipular a otros. Pero nadie está más inseguro y enfermo que los mismos controladores, ya que, erróneamente creen que pueden controlar y manipular situaciones e incluso personas. En otras palabras, juegan a ser Dios. El fruto del Espíritu no es controlar situaciones, en realidad es el propio control (Gálatas 5:23).

Por otro lado, los esfuerzos extremos por alcanzar el dominio propio sin la gracia de Dios, siempre, terminan en intentos de perfección o legalismo, con el resultado de la autodestrucción. El mundo nos hace pensar que "somos amos de nuestro destino y capitanes de nuestra alma", pero esto no es cierto. El alma humana no está hecha para funcionar como un amo. No podemos servir a Dios y a las riquezas a la vez, si lo hacemos nos engañamos y nos servimos a nosotros mismos (Mateo 6:24).

Toda tentación es un intento de Satanás para hacer que vivamos separados de Dios, nos tienta como lo hizo con Jesús y lo hace apelando a nuestras necesidades básicas y elementales. La pregunta es: ¿Serán estas necesidades satisfechas por el mundo, la carne y el diablo; o serán satisfechas por Dios, quien prometió suplirlas todas "conforme a sus riquezas en gloria en Cristo Jesús?" (Filipenses 4:19). Nuestra necesidad más importante es la de sentirnos necesarios y esta necesidad es la más maravillosamente satisfecha cuando estamos en Cristo.

QUIÉN SOY EN CRISTO

Soy aceptado:

Juan 1:12	Soy hijo de Dios.
Juan 15:15	Soy amigo de Cristo.
Romanos 5:1	He sido justificado.
1 Corintios 6:17	Estoy unido al Señor y en espíritu soy uno con Él.
1 Corintios 6:20	He sido comprado con precio. Pertenezco a Dios.
1 Corintios 12:27	Soy miembro del cuerpo de Cristo.
Efesios 1:1	Soy santo.
Efesios 1:5	Fui adoptado como hijo de Dios.
Efesios 2:18	Tengo directo acceso a Dios por medio del Espíritu Santo.
Colosenses 1:14	He sido redimido y perdonado de todos mis pecados.
Colosenses 2:10	Estoy completo en Cristo.

Me siento seguro:

Romanos 8:1,2	Estoy libre de condenación.
Romanos 8:28	Estoy seguro que las cosas resultarán para bien.
Romanos 8:31-34	Soy libre de todo cargo condenatorio en mi contra.
Romanos 8:35-39	No me pueden separar del amor de Dios.
2 Corintios 1:21,22	He sido creado, ungido y sellado por Dios.
Filipenses 1:6	Estoy persuadido que la buena obra que Dios comenzó en mí será perfeccionada.
Filipenses 3:20	Soy ciudadano del cielo.
Colosenses 3:3	Estoy escondido con Cristo en Dios.
2 Timoteo 1:7	No tengo un espíritu temeroso, sino de poder, amor y dominio propio.
Hebreos 4:16	Puedo encontrar gracia y misericordia en tiempo de angustia.
1 Juan 5:18	Soy hijo de Dios y el diablo no puede alcanzarme.

Soy importante:

Mateo 5:13,14	Soy la sal y la luz de la tierra.
Juan 15:1,5	Soy rama de la verdadera vid, un canal de su vida.
Juan 15:16	Fui elegido para ser fruto.
Hechos 1:8	Soy testigo personal de Cristo.
1 Corintios 3:16	Soy templo de Dios.
2 Corintios 5:17-21	Soy ministro de reconciliación de Dios.
2 Corintios 6:1	Soy colaborador de Cristo (Ver 1 Corintios 3:9).
Efesios 2:6	Estoy sentado con Cristo en lugares celestiales.
Efesios 2:10	Soy un trabajador de Cristo.
Efesios 3:12	Tengo acceso a Dios con seguridad y confianza.
Filipenses 4:13	Todo lo puedo en Cristo que me fortalece.

NOTAS:
1. Maurice Wagner, *The Sensation of Being Somebody* (Grand Rapids, Mich.: Zondervan Publishing House, 1975), p. 163.
2. Neil T. Anderson y Rich Miller, *Freedom From Fear, (Eugene, Oreg.: Harvest House, 1999). Publicado en español por Editorial Unilit con el título "Libre del miedo".*
3. Neil T. Anderson, *Finding Hope Again* (Regal Books, 1999, Ventura, Calif. Publicado en español por Editorial Unilit con el título "Reencuentro con la esperanza".

Capítulo 2

La integridad del
evangelio

Imaginemos por un momento al estudiante universitario típico. Llamémoslo Bill. Participa del escenario social de su facultad. Se considera un paquete de glándulas salivales, degustador de bellezas e impulsos sexuales envuelto en piel. Así que, con este concepto de sí, ¿cómo ocupa Bill su tiempo? Comiendo y acechando a las muchachas. Come todo y de todo lo que ve sin importarle el valor nutritivo. Corre tras todo lo que lleva falda, pero tiene una mirada especial para la seductora Susana, la animadora de los partidos de fútbol.

Bill corría tras la hermosa Susana por los patios de la universidad cuando lo vio el entrenador de atletismo.

—¡Mira cómo corre ese muchacho!

Cuando el entrenador le dio alcance, le dijo:

—¿Por qué no entras en el equipo de atletismo?

—No— respondió Bill, mientras buscaba con la vista a Susana—. Estoy demasiado ocupado.

Pero el entrenador no se conformaba con un "No". Finalmente convenció a Bill de que hiciera una prueba en la pista.

Entonces Bill comenzó a trabajar con el equipo de atletismo y descubrió que realmente *podía* correr. Cambió sus hábitos en cuanto a comidas y sueño y mejoraron sus habilidades. Comenzó a ganar algunas carreras y alcanzó marcas excelentes.

Finalmente Bill fue invitado a la gran carrera en el torneo estatal. Llegó temprano a la pista para el precalentamiento y las elongaciones. Entonces pocos minutos ante de la carrera, adivinen quién llegó por ahí: la dulce Susana, con un aspecto más hermoso y deseable que nunca. Se dirigió pavoneándose hacia Bill con su menudo atuendo que acentuaba sus rasgos físicos más hermosos. Llevaba en la mano una deliciosa porción de tarta de manzanas con varias cucharadas de helado encima.

—Te he extrañado, Bill —dijo con su dulce voz cantarina—. Si me acompañas ahora mismo, puedes tener todo esto, y también puedes tenerme a mí.

—De ninguna manera, Susana —respondió Bill.

—¿Por qué no? —dijo Susana haciendo un mohín.

—Porque soy un corredor.

¿Qué le pasó a Bill? ¿Qué ocurrió con sus glándulas e impulsos? Todavía es el mismo muchacho que podía comerse tres hamburguesas, dos bolsas de papas fritas y un litro de Pepsi sin pestañear. Es el mismo muchacho que sentía comezón de estar al lado de la hermosa Susana. Sin embargo, ha cambiado su concepto de sí. Ya no se mira como un atado de impulsos físicos, sino como un atleta disciplinado. Vino al torneo para participar en una carrera. Este era su propósito; la sugerencia de Susana se oponía a la razón de estar allí y a la nueva percepción que tenía de sí.[1]

Demos otro paso en esta ilustración. El atleta es Eric Liddle, personaje de la película *Carros de fuego*. Era muy consagrado a Cristo, pero además era un corredor muy rápido y representaba a su nativa Escocia en las Olimpíadas.

Cuando se publicó el programa del evento, Liddle descubrió que su carrera sería un día domingo. Eric Liddle era consagrado a Dios y no podía negociar lo que creía. Entonces se retiró de una carrera que pudo haber ganado. ¿Por qué no corrió Eric Liddle? Porque en primer lugar y principalmente era hijo de Dios y creía que competir el día del Señor equivalía a negar lo que era. Su concepto de sí mismo y su propósito en la vida determinaron lo que hizo.

Muchos cristianos no llevan una vida libre y productiva porque no comprenden quiénes son ni qué hacen aquí. Lo que son está arraigado en su identidad y posición en Cristo. Si no se perciben de la manera que Dios los percibe, sufren por una falsa identidad y una pobre sensación de dignidad. No entienden íntegramente el evangelio ni el maravilloso cambio que ocurrió en ellos cuando confiaron en Cristo.

EL EJEMPLO DE CRISTO

El plan redentor de Dios comienza a desarrollarse cuando aparece Cristo, el segundo Adán. Lo primero que notamos de la vida de Cristo es su completa dependencia de Dios el Padre. Dijo: "No puedo yo hacer nada por mí mismo" (Juan 5:30); "Yo vivo por el Padre" (6:57); "De Dios he salido y he venido; pues no he venido de mí mismo, sino que él me envió. Las palabras que os hablo, no las hablo por mi propia cuenta, sino que el Padre que mora en mí, él hace las obras" (14:10).

La prueba suprema ocurre después de un ayuno de cuarenta días. El Espíritu Santo conduce a Jesús al desierto y Satanás lo tienta. "Si eres Hijo de Dios, di que estas piedras se conviertan en pan" (Mateo 4:3). Satanás quiere que, para salvarse, Jesús use sus atributos divinos independientemente del Padre. Jesús responde: "No sólo de pan vivirá el hombre, sino de toda palabra que sale de la boca de Dios" (4:4).

Hacia el final de su ministerio terrenal, Jesús oró: "Ahora han conocido que todas las cosas que me has dado proceden de ti"

(Juan 17:7). El modelo de vida que Cristo mostró era totalmente dependiente de Dios el Padre.

JESÚS VINO PARA DARNOS VIDA

Como el primer Adán, Jesús nació física y espiritualmente vivo. Esto se hizo evidente por el hecho de que Jesús fue concebido por el Espíritu de Dios, y nació de una virgen. A diferencia del primer Adán, Jesús fue tentado en todo, pero nunca pecó. Nunca perdió su vida espiritual porque no cometió pecado. Conservó su vida espiritual en todo el camino hacia la cruz. Allí derramó su sangre y murió, llevando sobre Él los pecados del mundo. Entregó su espíritu en manos del Padre cuando su vida física llegó a su fin (véase Lucas 23:46). Adán y Eva perdieron la vida espiritual en la caída, pero Jesús vino a darnos vida. Jesús dice: "Yo he venido para que tengáis vida y la tengáis en abundancia" (Juan 10:10).

Juan declara: "En él estaba la vida y la vida era la luz de los hombres" (Juan 1:4). Nótese que la luz no produce vida. La vida produce Luz. Jesús dice: "Yo soy el pan de vida" (6:48) y "Yo soy la resurrección y la vida; el que cree en mí, aunque esté muerto vivirá" (11:25). En otras palabras, los que creen en Jesús seguirán viviendo espiritualmente aun cuando mueran físicamente. Jesús dice: "Yo soy el camino, la verdad y la vida" (14:6). El valor final no es nuestra vida física, que es temporal, sino nuestra vida espiritual, que es eterna.

EL EVANGELIO INTEGRAL

Muchos cristianos viven bajo medio evangelio. Han oído que Jesús es el Mesías que vino a morir por los pecados, y que si oran para recibir a Cristo, al morir irán al cielo y recibirán el perdón de sus pecados. En esta afirmación hay dos errores. Primero, es sólo la mitad del evangelio. Si encuentras un muerto y tienes el poder de salvarlo, ¿qué harías? ¿Darle vida? Si eso fuera todo lo que haces, entonces moriría nuevamente. Para salvar al muerto tendrías que hacer dos cosas. Primero, curarle la enfermedad que le causó la muerte.

La Biblia dice: "La paga del pecado es muerte" (Romanos 6:23). Por eso Jesús sufrió en la cruz y murió por nuestros pecados. ¿Es todo el evangelio curar el mal que nos causó la muerte? ¡No! El versículo sigue diciendo: "pero la dádiva de Dios es vida eterna en Cristo Jesús, Señor nuestro" (Romanos 6:23). Gracias a Dios por el Viernes Santo, pero lo que los cristianos celebran cada año es la resurrección el domingo de Pascua. Por alguna desconocida razón hemos dejado la resurrección fuera de la presentación del evangelio. En consecuencia, terminamos con el pecado perdonado, pero no en los santos redimidos.

El segundo problema en esa presentación del evangelio es este: da la impresión de que la vida eterna es algo que reciben al morir. No es así. "Y este es el testimonio: que Dios nos ha dado vida eterna; y esta vida está en su Hijo. El que tiene al Hijo tiene la vida; el que no tiene al Hijo de Dios no tiene la vida" (1 Juan 5:11-12). Si no tenemos vida espiritual (eterna) antes de morir físicamente, solo nos espera el infierno.

¡QUÉ DIFERENCIA PRODUCE EN NOSOTROS LA DIFERENCIA DE CRISTO!

La diferencia entre el primero y el segundo Adán decide la diferencia entre la vida y la muerte para nosotros. Quizás esta diferencia vivificadora esté mejor presentada en 1 Corintios 15:22: "Porque así como en Adán todos mueren, también en Cristo todos serán vivificados". Muy a menudo el hecho de estar espiritualmente vivo se describe en el Nuevo Testamento con las frases "en Cristo" o "en Él".

Todo lo que vamos a decir en los capítulos que siguen se basa en el hecho de que los creyentes están vivos en Cristo. El tema sobrecogedor del Nuevo Testamento en estar vivo en Cristo.

Por ejemplo, en los seis capítulos de Efesios hallamos 40 referencias a estar "en Cristo", y "tener a Cristo en vosotros". Por cada pasaje que habla de "Cristo en vosotros", diez enseñan que estás "en Cristo".

UNA PERSONA NO PUEDE CONDUCIRSE COHERENTEMENTE SI SU CONDUCTA NO CONCUERDA CON LA PERCEPCIÓN QUE TIENE DE SÍ.

También es la base para la teología de Pablo. "Por esto mismo os he enviado a Timoteo, que es mi hijo amado y fiel en el Señor, el cual os recordará *mi proceder en Cristo*, de la manera que enseño en todas partes y en todas las iglesias" (1 Corintios 4:17, énfasis agregado).

LA NUEVA VIDA EXIGE UN NUEVO NACIMIENTO

No nacimos en Cristo. Nacimos muertos en nuestros delitos y pecados (véase Efesios 2:1). ¿Cuál es el plan de Dios para transformarnos de estar "en Adán" a "estar en Cristo"? Jesús dice: "De cierto, de cierto os digo, que el que no naciere de nuevo no puede ver el reino de Dios" (Juan 3:3). El nacimiento físico sólo nos da vida física. La vida espiritual, la vida eterna prometida por Cristo a los que vienen a Él se obtiene solo mediante un nacimiento espiritual (véase 3:36).

¿Qué quiere decir estar espiritualmente vivos en Cristo? En el momento que naces de nuevo tu alma se une con Dios de la misma manera que Adán estaba en unión con Dios antes de la caída. Comienzas a vivir espiritualmente; tu nombre está escrito en el Libro de la vida del Cordero (véase Apocalipsis 21:27). La vida eterna no es algo que obtienes al morir.

Querido creyente, ya está vivo en Cristo. Nunca estarás espiritualmente más vivo de lo que estás ahora mismo. Lo único que cambiará cuando mueras físicamente es que cambiarás tu cuerpo mortal por un nuevo cuerpo resucitado. Tu vida espiritual en Cristo que comenzó cuando personalmente confiaste en Él simplemente seguirá su camino. La salvación no es un agregado futuro; es una transformación presente. Esa transformación ocurre en el nacimiento espiritual, no en la muerte física.

La nueva vida inicia una nueva identidad

Ser cristiano no es sólo recibir algo; es llegar a ser alguien. El creyente no es sólo una persona perdonada que va al cielo. El cristiano, en función de nuestra más profunda identidad es un santo, un hijo de Dios nacido de nuevo, una obra maestra de Dios, un hijo de luz, un ciudadano del cielo. El nuevo nacimiento te transformó en alguien que no existía antes. Lo importante no es lo que recibes como cristiano; es lo que eres. No es lo que haces como cristiano lo que determina quién eres; lo que eres determina lo que haces (véase 2 Corintios 5:17; Efesios 2:10; 1 Pedro 2:9, 10; 1 Juan 3:1, 2).

Para llevar una vida cristiana es esencial que entiendas tu identidad en Cristo. Una persona no puede conducirse coherentemente si su conducta no concuerda con la percepción que tiene de sí. Tú no cambias por la percepción que tiene de ti. Cambias tu percepción cuando crees la verdad. Si tu concepto personal es errado, vivirás en el error porque lo que crees no es verdad. Si piensas que eres una buena porquería, probablemente vivirás como una buena porquería. Sin embargo, si te ves como hijo de Dios espiritualmente vivo en Cristo, comenzarás a vivir de acuerdo con eso. La verdad más importante que puedes poseer después de conocer a Dios es conocerte a ti mismo.

La principal estrategia de Satanás es tergiversar el carácter de Dios y la verdad de lo que somos. Él no puede cambiar a Dios ni puede cambiar nuestra identidad y posición en Cristo. Sin embargo, si puede hacer que creamos una mentira, entonces viviremos como si no fuera verdad.

La nueva vida da como resultado una nueva identidad

¿Has notado que una de las palabras de uso más frecuente en el Nuevo Testamento para identificar al cristiano es "santo"? Literalmente, santo es una persona santificada. Sin embargo, Pablo y los autores de otras epístolas la usan generosamente para describir a cristianos comunes, ordinarios, corrientes, como tú y yo. Por ejemplo, el saludo de Pablo en 1 Corintios 1:2 dice: "A la iglesia de Dios que está en Corinto, a los santificados en Cristo Jesús, llamados a ser santos con todos los que en todo lugar invocan el nombre de nuestro Señor Jesucristo, Señor de ellos y nuestro".

Nótese que Pablo no dice que son santos por su arduo trabajo. Claramente dice que son santos por llamamiento. La tendencia de la iglesia es creer que los santos son personas que han ganado su elevada posición viviendo con excelencia o logrando cierto nivel de madurez. En la Biblia los creyentes se describen como "santos", lo que significa "santificados" (por ejemplo Romanos 1:7; 1 Corintios 1:2; 2 Corintios 1:1; Filipenses 1:1).

Ser santo no refleja necesariamente alguna medida presente de crecimiento en carácter, pero identifica a los que se relacionan rectamente con Dios. En nuestra versión de la Biblia (RVR 60) los creyentes son llamados "santos", "santificados o "justos" más de 200 veces. En contraste, a los inconversos se les llama "pecadores" más de 300 veces. Es claro que la palabra "santo" en las Escrituras se refiere al creyente y que "pecador se usa para referirse al incrédulo.

Aunque el Nuevo Testamento da bastantes evidencias del pecado del creyente, nunca identifica al creyente como "pecador". En una referencia a sí mismo, Pablo declara: "soy el primero" de los pecadores, lo que se interpreta en sentido contrario (1 Timoteo 1:15). A pesar del uso del presente, hay varios detalles que hacen preferible considerar su descripción como "el peor" de los pecadores, como referencia a la oposición al evangelio de antes de su conversión. Si se toma como una afirmación veraz, él era el principal de los pecadores.

Nadie se opuso a la obra de Dios con más celo que él, a pesar de poderse jactar: "En cuanto a celo, perseguidor de la iglesia; en cuanto a la justicia que es por la ley, irreprensible (Filipenses 3:6). Por diversas razones, creo que esto se refiere a Pablo antes que acudiera a Cristo.

En primer lugar la referencia de sí mismo como "pecador" apoya la primera parte del versículo de 1 Timoteo: "Cristo Jesús vino al mundo a salvar a los pecadores" (1 Timoteo 1:15). "Impíos y pecadores", unos versículos antes (v. 9), con otros usos de la palabra "pecadores" en el Nuevo Testamento para indicar a los que están lejos de la salvación, muestra que los "pecadores" a los que Cristo vino a salvar estaban fuera de la salvación y no eran creyentes que pudieran todavía tener libertad para pecar.

Segundo, la referencia de Pablo a sí mismo como "pecador" va seguida de inmediato por la afirmación, "pero por eso fui recibido [tiempo pasado] a misericordia" (v. 16), con lo que señala claramente a la ocasión ya pasada de su conversión. Pablo sigue maravillado de la misericordia de Dios hacia él, que era el "primero" de los pecadores. Se nota una evaluación presente de sí basada en el pasado cuando el apóstol dice: "Porque soy [presente] el más pequeño de los apóstoles, que no soy digno de ser llamado apóstol, porque perseguí a la iglesia de Dios" (1 Corintios 15:9). Debido a su acción pasada, Pablo se considera indigno de lo que es en el presente, por la gracia y misericordia de Dios, apóstol que en "nada he sido menos que aquellos grandes apóstoles" (2 Corintios 12:11).

Tercero, al mismo tiempo que declara que es el peor de los pecadores, el apóstol declara que Cristo lo fortaleció para el ministerio, y lo tuvo por "fiel", esto es, digno del ministerio al que lo llamó (1 Timoteo 1:12). Por lo tanto, la palabra "pecador" no lo describe como creyente; más bien la usa recordando lo que era antes que Cristo lo transformara.

Los únicos lugares en la Escritura que podrían referirse a los cristianos como "pecadores" son dos referencias que se encuentran en Santiago. La primera, "Pecadores, limpiad las manos" (4:8) es uno de 10 mandamientos verbales que llaman a quienes lean la epístola a romper en forma definitiva con la vida vieja. Esto se entiende mejor como el llamado al lector al arrepentimiento, y por tanto, a la salvación.

COMO CREYENTES NO ESTAMOS TRATANDO DE SER SANTOS; SOMOS SANTOS EN EL PROCESO DE LLEGAR A SER COMO CRISTO.

El segundo uso de "pecador" en 5:19, 20 parece ser igualmente una referencia similar a los incrédulos. El "pecador" debe volverse del error de su camino, y de esa manera ser salvo de la muerte. Dado que muy probablemente se refiera a la muerte espiritual, sugiere que la persona no era creyente. En estos dos usos de "pecador", Santiago usa la palabra de la manera que se usaba particularmente entre los judíos para referirse a quienes desechaban la ley de Dios y desobedecían abiertamente las normas de la moral.

El hecho de que estos "pecadores" se encuentren entre los creyentes a los que se dirige Santiago no significa necesariamente que son creyentes, porque la Escritura enseña que puede haber incrédulos entre los santos (cf. 1 Juan 2:19), como seguramente ocurre en la actualidad en nuestras iglesias. La referencia a ellos como pecadores concuerda con la descripción de los que no han acudido al arrepentimiento y a la fe en Dios, mientras el resto de las Escrituras identifica claramente a los creyentes como santos que todavía pueden pecar.[2]

El estado de santos es paralelo al concepto de ser llamados o elegidos por Dios. Los creyentes son "amados de Dios, llamados a ser santos" (Romanos 1:7; cf. también 1 Corintios 1:2). Son "escogidos de Dios, santos y amados" (Colosenses 3:12). Son escogidos "mediante la santificación por el Espíritu (2 Tesalonicenses 2:13); cf. además 1 Pedro 1:2). Dios los escogió y los apartó del mundo para ser su pueblo. Como resultado, los creyentes son "hermanos santos" (Hebreos 3:1).

Por la elección y el llamamiento de Dios, los creyentes han sido apartados para Dios y ahora pertenecen a la esfera de su santidad. Comenzamos nuestro andar con Dios como bebés inmaduros en Cristo, pero somos verdaderos hijos de Dios. Somos santos pecadores, pero tenemos todos los recursos en Cristo para no pecar. Las palabras de Pablo a los efesios son una interesante combinación de los dos conceptos de santidad. Al dirigirse a ellos como "santos" en 1:1, en el versículo 4 pasa a decir que Dios "nos escogió en él [en Cristo] para que fuésemos santos y sin mancha delante de él". Por la divina elección ya eran "santos" en Cristo, pero el propósito era su madurez en carácter a medida que se conforman a la imagen de Dios.

Como creyentes no estamos tratando de ser santos; somos santos en el proceso de llegar a ser como Cristo. De ningún modo esto es una negación de la lucha continua con el pecado, pero da al creyente alguna esperanza para el futuro. A muchos cristianos los domina la carne y están engañados por el diablo. Sin embargo, decir a los cristianos que son pecadores y luego disciplinarlos si no actúan como santos parece contraproducente en el mejor de los casos, e incoherente con la Biblia en el peor de ellos.

LO QUE ES CIERTO EN CRISTO, ES CIERTO EN TI

Puesto que eres santo en Cristo por llamamiento de Dios, tienes parte en la herencia de Cristo. "El Espíritu mismo da testimonio a nuestro espíritu, de que somos hijos de Dios. Y si hijos, también herederos; herederos de Dios y coherederos con Cristo" (Romanos 8:16, 17). Todo creyente se identifica con Cristo:

1. En su muerte   Romanos 6:3, 6; Gálatas 2:20;
                                    Colosenses 3:1-3

2. En su sepultura   Romanos 6:4

3. En su resurrección   Romanos 6:5, 8, 11

4. En su ascensión	Efesios 2:6
5. En su vida	Romanos 6:10, 11
6. En su poder	Efesios 1:19, 20
7. En su herencia	Romanos 8:16, 17; Efesios 1:11, 12

La lista que va a continuación presenta en primera persona lo que realmente eres en Cristo. Son algunas de las características bíblicas que reflejan lo que llegaste a ser en el nacimiento espiritual. No puedes ganarlas ni comprarlas, como una persona nacida en Estados Unidos no puede ganar ni comprar los derechos y la libertad de que disfruta como ciudadano americano. Tales cosas se las garantiza la Constitución por el solo hecho de nacer en Estados Unidos. De igual manera, las características de la lista te las garantiza la Palabra de Dios, simplemente porque por la fe naciste, por la fe en Cristo dentro de la nación santa de Dios.

¿QUIÉN SOY?

Yo soy la sal de la tierra (Mateo 5:13).

Yo soy la luz del mundo (Mateo 5:14).

Soy hijo de Dios (Juan 1:12).

Soy un sarmiento de la vid verdadera, un canal de la vida de Cristo (Juan 15:1, 5).

Soy amigo de Cristo (Juan 15:15).

Soy elegido de Cristo y puesto para llevar fruto (Juan 15:16).

Soy siervo de justicia (Romanos 6:18).

Soy siervo de Dios (Romanos 6:22).

Soy hijo de Dios; Dios es mi Padre espiritual (Romanos 8:14, 15; Gálatas 3:26; 4:6).

Soy coheredero con Cristo, tengo parte en su herencia (Romanos 8:17).

Soy templo, morada de Dios. Su Espíritu y su vida moran en mí (1 Corintios 3:16, 6:19).

Estoy unido al Señor y soy un espíritu con él (1 Corintios 6:17).

Soy miembro del cuerpo de Cristo (1 Corintios 12:27; Efesios 5:30).

Soy nueva criatura (2 Corintios 5:17).

Estoy reconciliado con Dios y soy ministro de reconciliación (2 Corintios 5:18, 19).

Soy hijo de Dios y uno con Cristo (Gálatas 3:26,28).

Soy heredero de Dios, puesto que soy su hijo (Gálatas 4:6,7).

Soy santo (1 Corintios 1:2; Efesios 1:1; Filipenses 1:1; Colosenses 1:2).

Soy hechura de Dios, creado en Cristo para buenas obras (Efesios 2:10).

Soy conciudadano con la familia de Dios (Efesios 2:19).

Soy un prisionero de Cristo (Efesios 3:1; 4:1).

Soy justo y santo (Efesios 4:24).

Soy ciudadano del cielo, ya sentado a la diestra de Dios (Efesios 2:6; Filipenses 3:20).

Estoy escondido con Cristo en Dios (Colosenses 3:3).

Soy expresión de la vida de Cristo, porque Él es mi vida (Colosenses 3:4).

Soy escogido de Dios, santo y amado (Colosenses 3:12; 1 Tesalonicenses 1:4).

Soy hijo de luz y no de las tinieblas (1 Tesalonicenses 5:5).

Soy partícipe del llamamiento celestial (Hebreos 3:1).

Soy participante de Cristo; participo de su vida (Hebreos 3:14).

Soy una de las piedras vivas de Dios, edificado en Cristo como casa espiritual (1 Pedro 2:5).

Soy linaje escogido, real sacerdocio, nación santa, pueblo adquirido por Dios (1 Pedro 2:8, 10).

Soy extranjero y peregrino en este mundo donde vivo de paso
(1 Pedro 2:11).

Soy enemigo del diablo (1 Pedro 5:8).

Soy hijo de Dios, y el malo —el diablo— no me toca
(1 Juan 5:18).

Yo *no soy* el gran Yo Soy (Éxodo 3:14; Juan 8:24, 28, 58), pero por
la gracia de Dios soy lo que soy (1 Corintios 15:10)[3]

Puesto que estás vivo en Cristo, cada una de esas características
tuyas es completamente válida, y no puedes hacer nada para ha-
cerlas más ciertas. Sin embargo, puedes hacer que sean características más significativas y productivas en tu vida decidiendo creer lo
que Dios ha dicho acerca de ti. No podrás estar orgulloso de ti si
crees, pero puedes ser derrotado si no crees.

Una de las mejores formas de ayudarte en el crecimiento hacia
la madurez en Cristo es que te acuerdes continuamente de quién
eres en Cristo. En mis conferencias hacemos esto leyendo al unísono y en voz alta la lista "¿Quién soy?" Sugiero que vuelvas y la leas
en voz alta ahora mismo. Lee la lista un par de veces al día durante
una o dos semanas. Léela cuando pienses que Satanás trata de engañarte para que creas que eres un fracasado que nada vale.

Mientras más reafirmes quién eres en Cristo, en mejor forma
tu conducta comenzará a reflejar tu verdadera identidad. Al co-
mentar el capítulo 6 de Romanos, John Stott dice que "la necesidad de recordar "quién eres" es el método por el cual Pablo baja
su elevada teología al ámbito de la experiencia cotidiana" y prosi-
gue en su resumen:

"De modo que en la práctica hemos de acordarnos continuamente quiénes somos. Tenemos que aprender a hablar con nosotros mismos, y hacer preguntas: ¿No sabes?
¿No conoces el significado de tu conversión y bautismo?
¿No sabes que fuiste unido con Cristo en su muerte y resurrección? ¿No sabes que has llegado a ser esclavo de

Dios y que te has comprometido a obedecerle? ¿No sabes estas cosas? ¿No sabes quién eres?' Debemos seguir presionándonos con tales preguntas hasta que nos respondamos: 'Sí, yo sé quién soy: Una nueva criatura en Cristo, y por la gracia de Dios, viviré en conformidad con esto'.[4]

Un hombre viajó en su auto centenares de kilómetros para asistir a nuestra conferencia "Vivir libre en Cristo". Mientras conducía de regreso a casa, decidió usar la lista "¿Quién soy?" como lista personal de oración. Oró por cada característica de la lista, una por una, y pidió a Dios que las grabara en su vida consciente. El viaje a casa le tomó casi cinco horas, y todo el camino fue orando por las características "¿Quién soy?" Cuando se le preguntó acerca del efecto de esta experiencia sobre su vida, simplemente respondió con una sonrisa: "cambio de vida".

Uno de mis estudiantes que participó en las clases acerca de esta materia luchaba con su identidad en Cristo. Después de clases me envió la siguiente nota:

Estimado Doctor Anderson:
Al repasar el material presentado en clase durante este semestre, comprendo que he sido liberado e iluminado de diversas maneras. Creo que el material más importante para mí es el que tiene que ver con el hecho de que en Cristo tengo significación, soy aceptado y estoy seguro. A medida que meditaba en este material descubrí que era capaz de vencer muchos problemas con los que había luchado durante años: temor del fracaso, sentimientos de indignidad y una sensación general de incompetencia.
Comencé a estudiar con oración las afirmaciones acerca de ¿Quién soy? dadas en clase. Muchas veces durante el semestre me encontré que volvía a la lista, especialmente cuando me sentía atacado en los aspectos del temor o la incompetencia. También me ha sido posible transmitir

este material a una clase de la iglesia, y muchos de mis alumnos han tenido también la experiencia de una nueva libertad en su vida. No puedo hablar con suficiente entusiasmo sobre la ayuda a que la gente entienda lo que realmente es en Cristo. En mi ministerio futuro espero hacer de esto la parte dominante de mi enseñanza y de mi tarea como orientador.

LA BRILLANTE ESPERANZA DE SER UN HIJO DE DIOS

Como hijos del primer pecador Adán, éramos obstinados y de mal genio, inútiles y sin futuro, pues nada había en nosotros que nos recomendara delante de Dios. Sin embargo, el amor de Dios superó nuestra fealdad. Por medio de Cristo, Dios nos abrió un camino de acceso a su familia. Como hijo adoptivo de Dios, se te ha dado una nueva identidad y un nombre nuevo. Ya no eres un huérfano espiritual; eres hijo de Dios. Como hijo en la familia de Dios has llegado a ser partícipe de su "naturaleza divina (2 Pedro 1:4).

Si comienzas a pensar que eres alguien especial como cristiano, estás pensando en forma correcta; ¡*eres* especial! Lo especial que eres no es resultado de algo que hayas hecho. Todo es obra de Dios. Somos lo que somos por la gracia de Dios. Lo que hiciste fue responder por fe a la invitación de Dios para ser su hijo. Como hijo de Dios en unión con Él, dado que estás en Cristo, tienes todo el derecho de disfrutar de tu relación especial con tu Padre celestial.

¿Qué tan importante es saber que estás en Cristo? Un número incalculable de cristianos lucha con su conducta cotidiana porque sufren bajo una falsa percepción de lo que son. Se consideran pecadores que esperan lograr su entrada en el cielo por la gracia de Dios, pero parece que no pueden vivir por sobre sus tendencias pecaminosas.

Mira de nuevo las palabras llenas de esperanza de 1 Juan 3:1-3: "Mirad cuál amor nos ha dado el Padre, para que seamos llamados hijos de Dios... ahora somos hijos de Dios, y aún no se ha manifestado lo que hemos de ser; pero sabemos que cuando él se manifieste, seremos semejantes a él, porque le veremos tal como él es. Y todo aquel que tiene esta esperanza en él, se purifica a sí mismo, así como él es puro".

¿Cuál es la esperanza del creyente? Que eres hijo de Dios *ahora*, y que te vas conformando a la imagen de Dios. La persona que tiene esta esperanza "se purifica", y comienza a vivir en conformidad con lo que realmente es. Tienes que creer que eres hijo de Dios para vivir como hijo de Dios. "Dios quiso dar a conocer las riquezas de la gloria de este misterio entre los gentiles; que es Cristo en vosotros, la esperanza de gloria" (Colosenses 1:27).

NOTAS

1. David C. Needham, *Birthright Christian, Do You Know Who you are?* (Portland, Oregon: Multnomah Press, 1981), adaptado de una ilustración en la página 73.

2. La confrontación con la justicia y la santidad de Dios frecuentemente produjo un profundo reconocimiento de nuestra pecaminosa condición. El reconocimiento de Pablo de sí mismo delante del Señor como "pecador" es algo frecuente entre los santos (Lucas 5:8; cf. Génesis 18:27; Job 42:6; Isaías 6:5; Daniel 9:4). Los creyentes son pecadores, pero la Escritura parece no definir su identidad como "pecadores".

3. Para una exploración más profunda de las verdades bíblicas de la lista "¿Quién soy?", lee *Viviendo libre en Cristo*, que contiene 36 lecturas, basadas en la lista, que transformará tus pensamientos acerca de Dios y de ti mismo, y te ayudará a vivir victoriosamente en Cristo.

4. John Stott, *Romans: God's News for the World* (Downers Grove, Ill.: InterVarsity Press, 1994), p. 187.

Capítulo 3

Mírate tal como eres

Clara era una joven que asistía al ministerio para universitarios en que estuve comprometido hace algunos años. En el nivel físico y material no tenía absolutamente ninguna ventaja. Era gorda y no tenía bello aspecto. Su padre era un vagabundo alcohólico que terminó abandonando el hogar; su madre trabajaba como criada en dos lugares diferentes donde obtenía poco dinero. Su hermano mayor era adicto a las drogas y se le veía muy poco en casa.

Cuando conocí a Clara, tuve la seguridad que ella era la muchacha menos aceptable que cualquier otra. No podía imaginar que hubiera algún modo en que ella pudiera competir para ser aceptada en la sociedad del colegio, donde lo que atrae es la belleza física y el éxito material. Pero para mi grata sorpresa, todos gustaban de su compañía y la buscaban para hablarle. Tenía muchos amigos y con el tiempo se casó con el joven más simpático del hogar universitario.

¿Cuál era el secreto de Clara? Lo que hacía era aceptarse a sí misma tal como Dios le dijo que era ella en Cristo, y en su interior se había comprometido a alcanzar la meta que Dios tenía para su vida: amar a todos y crecer en Cristo. Nunca era desagradable, incluso era una persona tan positiva y cuidadosa con los demás que todos la querían.

Derek, un joven de unos 30 años, se inscribió en nuestro programa de misiones en la Facultad de Teología de Talbot hace muchos años. Apenas lo conocía, hasta que una vez asistió a una conferencia en que hablé sobre la gran importancia de comprender nuestra identidad espiritual en Cristo. A la semana siguiente se acercó a hablar conmigo y a contarme lo que le ocurría.

Se crió en un hogar en que el padre demandaba absoluta perfección en todo lo que el hijo hacía. Derek era inteligente y talentoso, pero no importaba lo que hiciera, nunca parecía satisfacer a su padre, quien continuamente presionaba al hijo para que se perfeccionara más.

Para satisfacer las expectativas de su padre, Derek ingresó a la escuela de aviación en la Academia Naval de los Estados Unidos. Era un hombre que había logrado lo que todos sueñan: ser miembro del cuerpo élite de aviadores de la Armada.

—Luego de terminar mi quehacer en la Armada —dijo Derek—, decidí agradar al Señor con mi vida, pero vi a Dios como la perfeccionista sombra celestial de mi padre en la tierra y creí que para satisfacer las expectativas de Dios, debía ser misionero y, para ser honesto, me inscribí en el programa de misiones por la misma razón que fui a Anápolis: para agradar las demandas de mi Padre.

»Entonces, asistí a su conferencia el domingo pasado. Nunca me habían dicho que mi Padre me ama y me acepta tal como soy, en forma incondicional; tampoco había comprendido quién soy en Cristo. Siempre me esforcé por complacerlo, así como luchaba por satisfacer a mi padre terrenal. No me había dado cuenta que ya agradaba a Dios sólo por lo que soy en Cristo. Y, ahora, que sé que no tengo que ser misionero para agradarle, quiero cambiar mi especialidad a la teología.

Cuando Derek estudiaba su primer año en el curso de teología práctica, se le presentó la oportunidad de servir con un grupo de misioneros en España durante un corto tiempo. A su regreso, irrumpió en mi oficina y con entusiasmo me contó sobre su experiencia con el ministerio en España. Terminó diciendo:

—¡Quiero cambiar mi especialidad nuevamente.

—A misiones, ¿correcto? —pregunté sonriendo.

—¡Sí! —respondió—, pero no quiero ser misionero porque necesite la aprobación de Dios; ahora, quiero serlo porque lo amo y quiero servirle. Sé que me ama y me acepta como su hijo.

Le dije: —Esa es la principal diferencia entre ser manipulado y ser llamado.

LA TEOLOGÍA ANTES DE LA PRÁCTICA

Las vivencias de Clara y Derek nos muestran la importancia de fundar nuestras vidas cristianas en lo que creemos y no en lo que hacemos. Necesitamos asentarnos firmemente en la verdad de la palabra de Dios antes de que podamos experimentar el éxito en la práctica cristiana. Tenemos que ver, quiénes somos como el resultado de quién es Dios y de lo que Él ha hecho. Una vida cristiana fructífera es el resultado de vivir en fe y según lo que Dios dice que es verdad.

El problema es que tratamos de basar nuestra madurez y crecimiento espiritual en ciertas secciones prácticas de las Escrituras, y gastamos poco tiempo en analizar las partes de doctrina.

Por ejemplo, las cartas de Pablo se dividen en dos grandes partes. La primera generalmente es llamada la sección de doctrina; como: Romanos 1-8, Efesios 1-3, Corintios 1-2, etcétera. Estas secciones revelan que necesitamos *conocer* a Dios, el pecado y la salvación por nosotros mismos. La segunda mitad es la sección práctica: Romanos 12-15, Efesios 4-6, Corintios 3-4, etcétera. Estos pasajes indican lo que necesitamos hacer diariamente para vivir nuestra fe.

Con el ánimo de corregir los problemas en nuestra vida, nos saltamos la parte doctrinal y sólo realizamos la segunda mitad, la parte práctica. Queremos un rápido ajuste, una lista de instrucciones o una regla, para usarla como venditas para hacer bien las cosas. No contamos con el tiempo necesario para profundizar en un estudio de conceptos teológicos de las Escrituras, ya que queremos soluciones prácticas y rápidas.

Posiblemente, ya has descubierto que abordar el problema diariamente con una vendita no es la solución. ¿Por qué no? Porque se necesita una base adecuada de la verdad para vivir una vida práctica de fe. ¿Cómo queremos estar "firmes contra las acechanzas del diablo?" (Efesios 6:1) si aún no aprendemos que "él nos resucitó, y asimismo nos hizo sentar en lugares celestiales con Cristo Jesús" (Efesios 2:6).

¿Cómo podemos estar gozosos en la esperanza y sufridos en la tribulación (Romanos 12:12) sin la confianza de que somos justificados por fe y "tenemos paz para con Dios por medio de nuestro Señor Jesucristo" (Romanos 5:1)? Cuando tiembla nuestro plan básico de creencia en Dios y en nosotros mismos, nuestro plan de comportamiento diario también tiembla. Cuando el plan de creencia está intacto y nuestra relación con Dios se basa en la verdad, tenemos pocos problemas para desarrollar el aspecto práctico de la vida cristiana.

Posicionamiento y santificación progresiva

La mayoría de los cristianos saben que para el que cree, la salvación es de tiempo pasado, presente y futuro. Por esto, quiero decir que hemos sido salvados (tiempo pasado, ver Efesios 2:4, 5, 8), somos salvos (tiempo presente, 1 Corintios 1:18, 2 Corintios 2:15) y, algún día, seremos salvados de la ira que viene (tiempo futuro, Romanos 5:9, 10; 13:11). Aún no experimentamos una salvación total, pero creo que podemos tener la certeza de ello.

Pablo dice: "En él también vosotros, habiendo oído la palabra de verdad, el evangelio de vuestra salvación, y habiendo creído en él, fuisteis sellados con el Espíritu Santo de la promesa, que es las arras de nuestra herencia hasta la redención de la posesión adquirida, para alabanza de su gloria" (Efesios 1:13, 14). Juan dice: "Estas cosas os he escrito a vosotros que creéis en el nombre del Hijo de Dios, para que sepáis que tenéis vida eterna, y para que creáis en el nombre del Hijo de Dios" (1 Juan.. 5:13).

En relación con el creyente, la santificación también es de tiempo pasado, presente y futuro. Hemos sido santificados (tiempo pasado, 1 Corintios 6:19; 2 Pedro 1:3, 4), somos santificados (tiempo presente, Romanos 6:22; 2 Corintios 7:1) y en algún momento seremos santificados (tiempo futuro, 1 Tesalonicenses 3:12, 13; 5:23, 24). El proceso de la santificación comienza en nuestro nuevo nacimiento y culmina con nuestra glorificación. Cuando se habla de santificación en tiempo pasado, generalmente se refiere a "santificación posicional" que significa la posición o el nivel que el creyente tiene "en Cristo". En tiempo presente, la santificación tiene que ver con "santificación progresiva o experimental".

La verdad posicional de lo que somos en Cristo es la verdadera y única base para la santificación progresiva que sigue. Así como la realidad pasada de la salvación es la base en tiempo presente para la obra de nuestra salvación, nuestra posición en Cristo es la base para el crecimiento en Él. En otras palabras, no estamos tratando de ser hijos de Dios, porque ya lo somos; estamos tratando de ser semejantes a Cristo.

Creo firmemente que si tomamos la primera mitad de las epístolas de Pablo, que nos consolidan en Cristo, podríamos, en forma natural (o sobrenatural), vivir la segunda mitad. Para un buen estudio de la santificación se puede acudir a *Lo común hecho santo*,[1] libro que tuve el privilegio de escribir junto a Robert Saucy.

Lo primero es estar bien con Dios

Hace algunos años, un pastor me solicitó que orientara a una pareja de su iglesia. Eran el director de música y su esposa.

Durante toda mi vida no había visto una familia tan golpeada. Ambos entraron a la oficina gritándose mutuamente. Su relación estaba quebrantada por la infidelidad y el abuso. En el momento en que se disponían a abandonar el lugar en direcciones opuestas, en silencio oré a Dios y dije: *Señor, si existe algún camino para salvar este matrimonio, tú eres el único que lo conoce.*

Después de escuchar durante bastante rato su amarga discusión, los interrumpí diciendo: —Creo que deben olvidar su matrimonio. En estas condiciones nunca podrían salvarlo. Pero sí les imploraría que, en forma individual, cada uno restaurara su relación con Dios —así conseguí su atención.

Me dirigí a la esposa y le dije:

—¿Hay alguna forma en que usted pueda desaparecer completamente por un tiempo?

Ella pensó y dijo:

—Mi hermana tiene una cabaña en las montañas y creo que me dejaría usarla.

—Bien, aquí tengo unas grabaciones que quiero que escuche. Apártese por unos días y escuche los mensajes. Descubra quién es usted en Cristo y comprométase a alinear su mundo interno con Dios.

Para mi sorpresa, ella accedió. Le pedí lo mismo al esposo y también le entregué una colección de las mismas grabaciones. Tenía la pequeña esperanza de volver a verlos nuevamente juntos.

Después de dos años, yo estaba en un restaurante y entró al lugar el mismísimo director de música con sus 3 hijos. *Oh, no pensé, el matrimonio ya se disolvió,* así que me mantuve lejos de su vista porque me sentía mal y no quería enfrentarlo. Después de unos minutos llegó su esposa y se sentó con ellos. Me sorprendí aun más, porque parecían tan felices como cualquier familia cristiana.

De repente me vieron, me reconocieron y fueron a saludarme.

—Hola Neil, es un placer volver a verte —me saludaron animadamente.

—Sí, qué bueno verlos —en realidad quería decir *verlos juntos*—. ¿Cómo han estado? —no me hubiera sorprendido si me hubiesen dicho que estaban divorciados y que se habían reunido allí sólo por los niños.

—Estamos muy bien —dijo ella—, hice lo que me pediste y estuve sola en las montañas por dos semanas, escuché las grabaciones y, finalmente, me reencontré con Dios.

El esposo me dijo que había hecho lo mismo y agregó:

—Pudimos dar una buena solución a nuestros problemas matrimoniales y juntos nos regocijamos por lo que Dios hizo con nosotros, primero, en forma individual y, luego, como familia.

Habían descubierto que para estar bien el uno con el otro, primero, debían estar bien con Dios y, esto, siempre se hace comprendiendo que Dios es un padre amoroso y tú eres su hijo amado, esta es la verdad fundamental por la que vivimos.

Somos hijos de Dios, creados a su imagen y justificados por Él, ya que Cristo consumó su obra y nuestra fe está en Él. Si creemos esto y caminamos de acuerdo con lo mismo, nuestra experiencia diaria de cristianismo práctico resultará en crecimiento. Estarás luchando, si cuestionas la buena obra de Cristo tratando de convertirte en alguien que ya eres.

Nosotros no seguimos a Dios para ser amados por Él, como ya somos amados, le seguimos.

Uno no sirve a Dios para ganar su aceptación; ya somos aceptados y, por eso, servimos. Tampoco seguimos a Dios para ser amados; como ya somos amados, le seguimos. Esto aclara que lo que hacemos no determina lo que somos, sino lo que somos determina qué hacemos. "Amados, ahora somos hijos de Dios" (1 Juan 3:2). Así es como somos llamados a vivir por fe (Romanos 1:16,17).

Para vivir una vida cristiana victoriosa debemos creer esta verdad sobre nosotros. ¿Nos resistiremos a creer la verdad? Por supuesto que sí; el padre de mentiras (Juan 8:44) engañó a todo el mundo (Apocalipsis 12:9) y acusa a los hermanos día y noche (12:10). Si eso no basta, otros te humillarán, debemos recordarnos a nosotros mismos estas verdades posicionales.

La caída de la gracia de Dios

El siguiente listado es un complemento de la lista "Quién Soy" del capítulo 2. Ambas describen nuestra identidad en Cristo. Lee atentamente lo que sigue, hasta que llegue a ser parte de tu vida y ora a Dios para que adhiera firmemente estas verdades en tu corazón.

DADO QUE ESTOY EN CRISTO

Dado que estoy en Cristo, por la gracia de Dios...

Soy justificado —perdonado y hecho justo (Romanos 5:1).

Morí con Cristo y morí al dominio del pecado sobre mi vida (Romanos 6:1-6).

Soy libre para siempre de la condenación (Romanos 8:1).

Estoy en Cristo por lo que Dios hizo (1 Corintios 1:30).

Recibí el Espíritu de Dios en mi vida para que pueda conocer las cosas que Dios me ha dado libremente (1 Corintios 2:12)

Tengo la mente de Cristo (1 Corintios 2:16).

Fui comprado por precio, no me pertenezco; pertenezco a Dios (1 Corintios 6:19-20).

Fui creado, ungido y sellado por Dios en Cristo, que me concedió el Espíritu Santo como garantía de la promesa para la herencia que vendrá (2 Corintios 1:21; Efesios 1:13,14).

Desde que morí, no vivo para mí, vivo para Cristo (2 Corintios 5:14-15).

Fui hecho justicia (2 Corintios 5:21).

Fui crucificado con Cristo y él vive en mí. La vida que vivo es de Cristo (Gálatas 2:20).

Soy bendecido con toda bendición espiritual (Efesios 1:3).

Dios me escogió desde antes de la fundación del mundo para ser santo y sin mancha delante de Él (Efesios 1:14).

Fui predestinado por Dios y adoptado como hijo suyo (Efesios 1:5).

Fui redimido y perdonado, soy receptor de su abundante gracia (Efesios 1:17).

Tengo vida con Cristo (Efesios 2:5).

Dios me levantó y me hizo sentar junto a Él en el cielo (Efesios 2:6).

Tengo acceso directo a Dios por el Espíritu (Efesios 2:18).

Tengo acceso a Dios libremente y con confianza (Efesios 3:12).

Fui rescatado del dominio de Satanás y llevado al Reino de Cristo (Colosenses 1:13).

Fui redimido y perdonado de mis pecados. Mi deuda fue cancelada (Colosenses 1:14).

Cristo mismo vive en mí (Colosenses 1:27).

Estoy arraigado y edificado en Cristo (Colosenses 2:7).

Estoy completo en Cristo (Colosenses 2:10).

Fui circuncidado espiritualmente (Colosenses 2:11).

Fui sepultado, resucitado y vivo en Cristo (Colosenses 2:12,13).

Morí con Cristo y resucité con Él. Mi vida es escondida con Cristo. Él es mi vida (Colosenses 3:1,4).

Tengo un espíritu poderoso, de amor y dominio propio (2 Timoteo 1:7).

Fui salvado y y puesto aparte, conforme a lo que Dios hizo (2 Timoteo 1:9; Tito 3:5).

Porque soy santificado y uno con el santificador, Él no se avergüenza de llamarme hermano (Hebreos 2:11).

Tengo derecho de acercarme al trono de la gracia de Dios y encontrar misericordia en los malos tiempos (Hebreos 4:16).

Dios me dio abundante gracia y preciosas promesas por lo que soy participante de la naturaleza divina (2 Pedro 1:4).

Hace poco, un pastor que asistió a una de mis conferencias sobre conflictos espirituales, me llamó para conversar. Nuestra plática revalidó mi pensamiento de que entender nuestra herencia espiritual es la solución para resolver nuestros conflictos diarios.

—Una joven de mi iglesia comenzó su programa de orientación esta semana —él dijo—. Ella tenía problemas en la relación con su marido alcohólico. Se sentía derrotada, abatida y a punto de abandonar su matrimonio.

»Le entregué el documento que usted compartió con nosotros, en que hablaba de lo que somos en Cristo. Le dije que lo leyera. Después de hacerlo, comenzó a llorar, y dijo que nunca se había dado cuenta de su verdad y que, después de todo, sentía que había una nueva esperanza para ella.

¿No es increíble? La verdad de quiénes somos en Cristo hace la gran diferencia para nuestro éxito con los desafíos y conflictos de nuestra vida. Es primordial crecer y madurar en la certeza de la verdad de Dios sobre quiénes somos.

RELACIÓN Y ARMONÍA

Considerando la importancia de que Dios nos acepte por medio de Cristo, cabe la pregunta: *¿Qué sucede con esta perfecta relación cuando pecamos? ¿Interfiere nuestro fracaso con la aceptación de Dios?* Responderé a esto con un ejemplo sencillo:

Cuando nací físicamente, tenía un padre. Su nombre era Marvin Anderson y como hijo suyo, no sólo tenía su apellido, sino también su sangre corriendo en mis venas. Marvin Anderson y Neil Anderson tienen una relación sanguínea. ¿Yo podría hacer alguna cosa para que esta situación cambiara? ¿Qué tal si abandono mi hogar y cambio mi apellido? Aún seguiría siendo el hijo de Marvin Anderson. ¿No? ¿Y si él me expulsara de la casa o si me desconociera como hijo? Por supuesto que seguiría siendo su hijo. Tenemos una relación sanguínea y nada puede cambiar eso.

¿Podría hacer algo que afectara nuestra relación de padre e hijo? En el fondo sí —cuando era un niño de cinco años descubrí casi todos los caminos para hacerlo. Mi relación con mi padre nunca estuvo amenazada, pero sí, muchas veces la armonía en la relación lo estuvo, debido a mi comportamiento.

¿Qué hace que yo viva en armonía con mi padre? La confianza y la obediencia. Nuestra relación comenzó cuando nací y me sumé a su familia como hijo. Los problemas de armonía vinieron después, como resultado de mi conducta y mal comportamiento. A muy temprana edad descubrí que para estar bien con mi padre debía obedecerle; si no lo hacía la armonía se rompía, pero en una u otra situación él seguía siendo mi padre.

En el plano espiritual, cuando volví a nacer, me convertí en miembro de la familia de Dios. Él es mi padre y tengo una relación perdurable con Él, gracias a la preciosa sangre de Cristo (1 Pedro 1:18, 19). Como hijo de Dios, ¿puedo hacer algo para que nuestra relación cambie? Ahora, me doy cuenta de que aquí puedo sumar algunos puntos de teología. El tema de la eterna seguridad aún es asunto de debate para muchos cristianos. Pero por el bien del argumento, en este momento me importa más hacer la separación entre estas dos áreas que el debate en sí mismo. Nuestra relación con Dios está fundada en la sangre de nuestro Señor Jesucristo. Somos salvos por lo que creemos, no por nuestro comportamiento.

Muchas partes de las Escrituras confirman la seguridad de salvación. Pablo pregunta en Romanos 8:35: "¿Quién nos separará del amor de Cristo?" Entonces responde que ninguna cosa creada "nos podrá separar del amor de Dios, que es en Cristo Jesús Señor nuestro" (8:39). Jesús dice: "Mis ovejas oyen mi voz... y les doy vida eterna; y no perecerán jamás, ni nadie las arrebatará de mi mano" (Juan 10:27, 28). Nací de nuevo como hijo de Dios, en unión espiritual con Él por su gracia, la que recibí por fe. Mi relación con Dios comenzó cuando nací en su familia.

¿Puedo hacer algo que interfiera con la *armonía* de mi relación con Dios? ¡Absolutamente! La armonía con Dios está basada en el mismo concepto que la armonía con mi padre terrenal: confianza y obediencia. Cuando confío y obedezco a Dios estoy en armonía con Él. Cuando no lo hago la armonía en la relación se estropea y esto se ve reflejado en mi vida. Amo a mi Padre celestial y quiero estar bien con Él, entonces me preocupo por vivir en la fe, acorde a lo que Dios dice que es verdad. Aun cuando falle y no siga lo que dice su palabra y decida caminar en la carne, mi relación con Él no está en peligro, porque está basada en la sangre de Cristo Jesús.

CREER LA VERDAD ACERCA DE OTROS

—¿Cómo puedo retirarme de mi iglesia? —me preguntó una vez un pastor.

—Por qué te quieres retirar? —pregunté—. ¿Hay algo malo con tu iglesia?

—Es que tengo una banda de perdedores en ella.

—¿Perdedores? Me pregunto si realmente lo son o es que se ven de esa forma a sí mismos, porque es así como tú los ves.

Él estuvo de acuerdo en que, de seguro, la opción correcta era la segunda, ya que no existen perdedores en el Reino de Dios, ¡ni siquiera uno! ¿Cómo podrían los hijos de Dios ser perdedores, si ya tienen la vida eterna? Tan importante como descubrir nuestra propia identidad en Cristo, es que reconozcamos a los demás como hijos de Dios y los tratemos de esa forma, como lo merecen. Creo que la forma en que tratamos a los otros nace de nuestra propia percepción de ellos. Si los vemos como perdedores, así los trataremos. Pero si creemos que son hermanos y hermanas redimidos y santos en Cristo, los trataremos como santos y se sentirán apoyados a comportarse como tales.

SI SOLO NOS DEDICAMOS A EDIFICAR A OTROS, FORMARÍAMOS PARTE DEL EQUIPO DE CONSTRUCCIÓN DE DIOS EN LA IGLESIA, EN VEZ DE SER MIEMBROS DEL EQUIPO DE CONSTRUCCIÓN DE SATANÁS.

Algunos estudios demuestran que en el hogar, un niño, por cada opinión positiva que recibe, al mismo tiempo recibe otras diez negativas. En el ambiente escolar el problema no mejora. Por cada siete opiniones negativas que el niño recibe, sólo le dicen una positiva. Con razón tantos niños crecen sintiendo que son un fracaso. Padres y maestros entregan esa percepción todos los días a sus hijos y estudiantes.

Estos estudios también señalan que se necesitan decir cuatro cosas positivas para contrarrestar el efecto de una negativa. Esto se puede comprobar así: cuando usamos una prenda de ropa nueva y algunos amigos opinan: "Qué traje tan bonito" pero hay uno que dice: "En realidad eso no es para ti". Este comentario nos llevará, rápidamente, a la tienda para una devolución. Los demás se ven profundamente afectados por lo que decimos de ellos, y lo que decimos, determina lo que realmente pensamos sobre ellos mismos.

En el Nuevo Testamento, claramente, leemos que somos santos que pecan. Los hijos de Dios, que niegan ser pecadores, serán llamados mentirosos (1 Juan 1:8). No estamos hechos para juzgarnos unos a otros; hemos sido llamados a aceptar a los demás creyentes como hijos de Dios, y a crecer juntos.

Si pudiéramos memorizar tan sólo un versículo del Nuevo Testamento, ponerlo en práctica y nunca violarlo; podríamos solucionar la mitad de los problemas en nuestros hogares e iglesias. Este versículo es: "Ninguna palabra corrompida salga de vuestra boca, sino la que sea buena para la necesaria edificación, a fin de dar gracia a los oyentes" (Efesios 4:29).

¿No es asombroso que podamos dar gracia a otros a través del uso apropiado de las palabras? Si no pronunciáramos palabras que entristecieran a los demás, y sólo les hiciéramos comentarios constructivos, como dice Efesios 4:29, seríamos parte de la multitud edificadora de Dios en la iglesia y no parte de la multitud destructora de Satanás.

EN RELACIÓN CON DIOS

Cuando cursaba el octavo grado, había un programa llamado "Día de enseñanza religiosa". Todos los martes por la tarde las clases terminaban temprano para que pudiéramos ir a la iglesia de nuestra elección durante esa última hora. Esto no era religión forzada, algunos compañeros usaban ese tiempo libre para ir a la sala de estudios; mientras yo iba a la iglesia que mi madre había elegido. Una vez, decidí saltarme el día de enseñanza religiosa. Estuve todo el día jugando en el parque y justo a la hora tomé el bus de vuelta a la granja de mis padres. Pensé que había logrado escaparme, ¡pero en realidad no fue así!

Al día siguiente, el director del colegio me llamó y me mandó de vuelta a casa, diciendo: "Quédate en casa durante el jueves y el viernes". Estaba impactado, ¿expulsado dos días por escaparme del día de enseñanza religiosa? No quería ni podía enfrentar a mis padres y el viaje de vuelta a casa fue deprimente. Incluso pensé en hacerme el enfermo o esconderme en el bosque durante el tiempo que, supuestamente, estaba en el colegio. Pero sabía que no podía hacerlo, debía enfrentar a la figura autoritaria. Quería dirigirme a mi madre y no a mi padre porque sabía que en ella encontraría misericordia.

—Mamá —le dije—, me expulsaron del colegio dos días, porque me escapé del Día de enseñanza religiosa.

Al principio no supo qué decir, luego sonrió y dijo:

—Oh Neil, olvidé decirte que tu padre llamó al colegio para que pudieras quedarte en casa el jueves y el viernes para que nos ayudes a recoger maíz.

Ahora conozco que, ¿tenía que enfrentar a mis padres? ¿Era el viaje en el bus escolar tan deprimente para mí? Seguro que no, pero yo no sabía que la permanencia en mi hogar el jueves y viernes ya estaba justificada. Así es como muchos cristianos viven creyendo que caminan sobre vidrios. Creen que no pueden cometer ningún error, porque si lo hacen, la furia de Dios caerá sobre ellos.

Amados cristianos que leen este libro; la furia de Dios ya cayó, y cayó sobre Cristo. Él murió una vez por todos nuestros pecados (Romanos 6:10). No somos pecadores en las manos de un Dios airado. Somos santos en las manos de un Dios amante que nos llama a acercarnos "con corazón sincero, en plena certidumbre de fe, purificados los corazones de mala conciencia, y lavados los cuerpos con agua pura" (Hebreos 10:22); "porque por medio de él los unos y los otros tenemos entrada por un mismo Espíritu al Padre" (Efesios 2:18); "en quien tenemos seguridad y acceso con confianza por medio de la fe en él" (Efesios 3:12).

Algunos líderes cristianos creen que se debe poner énfasis en la parte pecadora de nuestra naturaleza humana para motivarnos a vivir correctamente. Yo no estoy de acuerdo con esto. ¿Cómo podemos motivarlos culpándolos si "ninguna condenación hay para los que están en Cristo Jesús" Cómo los podemos motivar a través del miedo si "no nos ha dado Dios espíritu de cobardía, sino de poder, de amor y de dominio propio" (2 Timoteo 1:7). Creo que debemos decirle a los creyentes la verdad sobre quiénes son en Cristo y motivarlos a vivir en forma correcta. Para ilustrar esto, les voy a contar un testimonio que un misionero me envió luego de leer la primera edición de este libro:

Aunque he sido cristiano mucho tiempo, nunca entendí el perdón y la herencia espiritual de Dios. Durante años luché en contra de un mismo pecado. Estaba en la escuela bíblica, cuando comencé una práctica horrible que, pensé, nunca terminaría. Deseaba matarme y no quería pensar que esto era pecado. Creía que Dios me había dado la espalda y que estaba destinado al infierno por no poder superar mi pecado. Me odiaba a mí mismo y me sentía derrotado.

El Señor me dio la oportunidad de comprar tu libro *Victoria sobre la oscuridad*, y al leerlo, me sentí como un nuevo cristiano, como si acabara de nacer de nuevo. Ahora, mis ojos están abiertos al amor de Dios y me doy cuenta de que soy un santo que eligió pecar. Finalmente, puedo decir que soy libre, libre de la esclavitud de Satanás y de sus mentiras sobre mí.

Antes, yo confesaba a Dios mi pecado y pedía su perdón, pero luego caía aún más profundo en las garras de Satanás, porque no podía aceptar el perdón de Dios ni podía perdonarme a mí mismo. Siempre pensé que la respuesta estaba en acercarse más a Dios, pero cuando fui a Él, lo hice ahogado en confusión, creyendo que era un pecador que no podía ser amado. ¡Nunca más! Porque por medio de las Escrituras me mostraste el camino y ya no soy un cristiano derrotado; ahora sí que estoy vivo en Cristo y muerto al pecado, soy un siervo de la justicia. Vivo por fe según lo que Dios dice que es verdad. El pecado ya no tiene poder sobre mí, Satanás perdió su dominio.

NOTAS
1.   Neil T. Anderson y Robert Saucy, *Lo común hecho santo,* Editorial Unilit.

Capítulo 4

Algo viejo. Algo nuevo

Vaya a una iglesia que crea en la Biblia y pregunte a la congregación: "¿Cuántos creen que son pecadores?" Todos levantarán las manos. Luego pregunta: "¿Cuántos creen ser santos?" Muy pocos levantan las manos. ¿A qué se debe? A algunos nunca se les ha enseñado de otra forma. Otros piensan que sería jactancia identificarse como santos. Muchos creen que "pecador" es más coherente con su condición actual. Pecan, por lo tanto son pecadores. Aun cuando les digas que al mismo tiempo son santos y pecadores, creerán lo último y probablemente no lo primero debido a su experiencia.

Ser un santo vivo y libre en Cristo no significa madurez espiritual ni impecabilidad; da la base para la esperanza y el futuro crecimiento. A pesar de la provisión de Dios en Cristo para nosotros, todavía nos falta mucho para ser perfectos. Somos santos pecadores. Nuestra posición en Cristo está establecida, pero nuestro comportamiento cotidiano suele estar marcado por el fracaso personal y la desobediencia que nos frustra e interrumpe la armonía de nuestra relación con Dios. Gemimos con el apóstol Pablo: "Porque

no hago el bien que quiero, sino el mal que no quiero, eso hago...
¡Miserable de mí! ¿Quién me librará de este cuerpo de muerte?"
(Romanos 7:19, 24).

En nuestros esfuerzos por entender el fracaso que suele perturbar nuestro sentido de santidad, luchamos con palabras bíblicas tales como carne, naturaleza y viejo hombre. ¿Qué significan
realmente estas expresiones? ¿Son distintas entre sí o son sinóni-
mos referidos al mismo problema? La definición de estas expresiones se hace más difícil cuando el equipo editorial de algunas
versiones modernas de la Biblia en lugar de "carne" (*sarx*) traduce
vieja naturaleza o naturaleza pecaminosa.

Es verdad que se trata de un tema de la teología que es difícil.
Los eruditos bíblicos han luchado con estas preguntas durante siglos y nadie pretende haber logrado la respuesta definitiva. Sin
embargo, en este capítulo quiero explorar algunas de las expresiones que suelen confundir a los creyentes que procuran entender el
lado pecaminoso de su santidad. Creo que una captación bíblica
más clara de estas palabras te ayudará a comprender mejor lo que
eres y preparará el camino para una mayor madurez espiritual.

LA NATURALEZA DEL PROBLEMA

La Biblia dice que estamos muertos en "nuestros delitos y
pecados" (Efesios 2:1) y que "éramos *por naturaleza* hijos de ira"
(2:3, énfasis agregado). En otras palabras, hemos nacido
físicamente vivos, pero espiritualmente muertos. No teníamos la
presencia de Dios en nuestra vida ni el conocimiento de sus
caminos. En consecuencia, aprendimos a vivir en forma
independiente de Dios. Esta independencia adquirida es una de las
principales características de la carne.

"Porque el deseo de la carne es contra el Espíritu, y el del
Espíritu es contra la carne; y estos se oponen entre sí" (Gálatas
5:17). Están en oposición porque el Espíritu Santo, al igual que

Jesús, no obra en forma independiente de nuestro Padre celestial, como lo hace la carne. Se puede definir la carne como vivir separado de Dios, una vida dominada por el pecado o un impulso opuesto a Dios. La carne confía en sí misma en vez de depender de Dios; se centra en sí misma en vez de ser Cristocéntrica.

Este es el estado de la humanidad caída; pecaminosa por naturaleza, y espiritualmente muerta (esto es, separada de Dios). Además, el corazón, centro de nuestro ser, es "engañoso más que todas las cosas y perverso" (Jeremías 17:9). Pablo dice: "todos pecaron y están destituidos de la gloria de Dios" (Romanos 3:23). La humanidad caída vive "en la carne" y "los que viven según la carne no pueden agradar a Dios" (Romanos 8:8). La humanidad se depravó. Todo aspecto de su ser se corrompió y nada pueden hacer para salvarse a sí mismos.

En cuanto a posición, con la salvación cambiaron varias cosas. Primero, Dios nos trasladó de la potestad de las tinieblas al "reino de su amado Hijo" (Colosenses 1:13).

Segundo, se ha quebrantado el dominio del pecado por medio de la carne. Como creyente, ya no estás "en la carne"; estás "en Cristo". Pablo explica: "Mas vosotros no vivís según la carne, sino según el Espíritu, si es que el Espíritu de Dios mora en vosotros. Y si alguno no tiene el Espíritu de Cristo, no es de él" (Romanos 8:9).

Además, Pablo iguala la idea de estar "en la carne" con estar "en Adán". "Porque así como *en Adán* todos mueren, también *en Cristo* todos serán vivificados" (1 Corintios 15:22, énfasis agregado). Los cristianos ya no están "en la carne", pero dado que las características de la carne permanecen en el creyente, tienen una decisión que hacer. Pueden andar (o vivir) conforme a la carne (Gálatas 5:19-21) o pueden andar (o vivir) según el Espíritu (véase Gálatas 5:22-23). Este cambio de posición se puede presentar de la siguiente manera:

En Adán		**En Cristo**
Viejo hombre	por descendencia	Nuevo hombre
Naturaleza pecaminosa Efesios 2:1-3	por naturaleza	Partícipe de la naturaleza divina 2 Pedro 1:4
En la carne Romanos 8:8	por nacimiento	En el Espíritu Romanos 8:9
Vive según la carne	por decisión	Vive según el Espíritu o según la carne. Gálatas 5:16-18

HEMOS SIDO INJERTADOS

Acerca de nuestra naturaleza, Pablo dice: "En otro tiempo erais tinieblas, mas ahora sois luz en el Señor" (Efesios 5:8). ¿Somos luz y tinieblas? Pablo dice: "De modo que si alguno está en Cristo, nueva criatura es; las cosas viejas pasaron; he aquí todas son hechas nuevas" (2 Corintios 5:17).

¿Somos nueva criatura en parte, y en parte vieja criatura? ¿Tiene el cristiano dos naturalezas? Quizás una ilustración nos ayude a responder. En Arizona, los parques de la ciudad y sus paseos han sido decorados con naranjos ornamentales de cepa más resistente que la que produce las naranjas que comemos. Debido a su resistencia a las bajas temperaturas, se usan como cepa básica.

El naranjo ornamental se deja crecer hasta una determinada altura, luego lo cortan y se le injerta una nueva vida (por ejemplo, el ombligo de una yema de naranja). Todo lo que produce por sobre el injerto adquiere la naturaleza de las naranjas dulces. Todo por debajo del injerto retiene las características físicas del naranjo ornamental. Cuando crece es un solo árbol. El crecimiento *físico* del árbol todavía depende de las raíces que bajo tierra buscan agua y alimentación. Lo que crece por encima del injerto toma la nueva naturaleza de lo que fue injertado en él.

La gente no mira el huerto de naranjas y dice: "Lo que allí hay no es otra cosa que cepa resistente". Dirían que hay naranjas de ombligo porque podrían identificar el naranjo por su fruto. Así es como debemos ser conocidos.

Jesús dice: "Por sus frutos los conoceréis" (Mateo 7:20). Pablo dice: "De manera que nosotros, de aquí en adelante a nadie conocemos según la carne" (2 Corintios 5:16). En otras palabras, se supone que no conocemos a los cristianos por lo que eran en Adán, sino por lo que ahora son en Cristo. Por eso la Biblia no identifica a los creyentes como pecadores; en cambio, los identifica como santos.

La persona natural es como un naranjo ornamental, que puede parecer bueno pero solo puede dar fruta amarga. El fruto caerá en la tierra y producirá más cepa natural que tendrá buen aspecto por una temporada.

Hagamos otra observación de la ilustración del árbol. ¿Cómo definiría la naturaleza del árbol? ¿Tendría dos naturalezas? Depende si hablas de todo el árbol, que tiene dos naturalezas (raíz silvestre y de ombligo), o si hablas de la parte del árbol que está por sobre el injerto (la nueva criatura), que tiene sólo una naturaleza (ombligo). Esto en parte es un problema semántico. Cuando habla del nuevo "yo", ¿Pablo habla de quién era antes de Cristo combinado con lo que hoy es en Cristo o se refiere sólo a la nueva criatura en Cristo?

El crecimiento espiritual en la vida cristiana requiere una relación con Dios que es fuente de la vida espiritual, una relación que produce una nueva simiente o cepa de vida. Como en la naturaleza, si no hay alguna simiente o raíz de vida en un organismo no puede haber crecimiento. Así si no hay una raíz de vida en el creyente (esto es, un núcleo de vida espiritual), es imposible el crecimiento. Nada hay que pueda desarrollarse. Por eso la teología de Pablo se basa en nuestra posición en Cristo.

"De la manera que habéis recibido al Señor Jesucristo, andad *en él*; arraigados y sobreedificados *en él*" (Colosenses 2:6-7, énfasis agregado). Para edificar a los creyentes (santificación progresiva), primeramente deben estar firmemente arraigados en Cristo (santificación posicional). Para crecer y llevar fruto, los cristianos, sus matrimonios y sus ministerios deben estar orgánicamente centrados en Cristo.

UN NUEVO CORAZÓN Y UN NUEVO ESPÍRITU

Según las Escrituras, el centro de la persona es el corazón. "De él mana la vida" (Proverbios 4:23). En nuestro estado natural "El corazón es engañoso más que todas las cosas y perverso" (Jeremías 17:9). Es engañoso porque se ha condicionado desde su nacimiento por lo engañoso de un mundo caído, y no por la verdad de la Palabra de Dios.

Una de las grandes profecías acerca de nuestra salvación se encuentra en Ezequiel 36:26: "Os daré corazón nuevo, y pondré espíritu nuevo dentro de vosotros; y quitaré de vuestra carne el corazón de piedra, y os daré un corazón de carne".

El nuevo pacto, por el cual vive todo cristiano, dice: "Pondré mis leyes en sus corazones" (Hebreos 10:16). En otras palabras, "Todos los naranjos ornamentales que pongan su confianza en Dios y crean su Palabra, serán naranjos de ombligo". En el momento que fuiste injertado en la vid fuiste santificado o apartado como hijo de Dios. "Vosotros estáis limpios" (Juan 15:3), y seguiréis siendo santificados a medida que Él os poda para que crezcáis y llevéis fruto.

El mismo pensamiento queda cautivo en el testimonio de Pablo: "Con Cristo estoy juntamente crucificado, y ya no vivo yo, mas vive Cristo en mí; y lo que ahora vivo en la carne, lo vivo en la fe del Hijo de Dios, el cual me amó y se entregó a sí mismo por mí" (Gálatas 2:20). Pablo dice: Morí, pero vivo, obviamente como persona nueva y diferente (véase Colosenses 3:1-3). En otras palabras, mi viejo árbol ornamental ha sido cortado; ya no vivo como árbol silvestre; ahora vivo como un naranjo nuevo, de ombligo.

UN NUEVO HOMBRE

Paralela al concepto de ser una nueva criatura en Cristo está la enseñanza de que el creyente se ha vestido del nuevo hombre (Colosenses 3:10). El nuevo hombre a veces se refiere al nuevo individuo en Cristo así como a la nueva humanidad o la humanidad de la nueva creación unida en Cristo como su cabeza. F. F. Bruce dice: "El nuevo hombre que es creado como la nueva personalidad que cada creyente llega a ser cuando nace de nuevo como miembro de una nueva creación cuya fuente de vida es Cristo".[1]

TENEMOS QUE CREER QUE NUESTRA NUEVA IDENTIDAD ES EN CRISTO Y COMPROMETERNOS A CRECER EN CONCORDANCIA.

¿Qué significa ser un nuevo hombre? ¿Quiere decir que cada aspecto del creyente es nuevo en realidad? Todavía somos iguales físicamente, y aún tendremos muchos de los mismos pensamientos, sentimientos y experiencias.

Por ejemplo, imagina el árbol ornamental que acaba de ser injertado con una pequeña yema. Debido a que en gran parte parece ser igual, a veces se enseña que nuestra "novedad" se refiere sólo a nuestra posición en Cristo. La novedad es sólo lo que hemos visto en relación con nuestra posición de justicia y santidad en la justificación y santificación posicional. No hay un verdadero cambio en nosotros hasta que somos definitivamente cambiados en la glorificación. Sin embargo, eso sería como enseñar la justificación sin la regeneración (perdonados, pero sin una nueva vida). Si todavía somos el árbol silvestre, ¿cómo podemos pensar en producir fruto dulce? Tenemos que creer que nuestra nueva identidad está en la vida de Cristo y dedicarnos a crecer en armonía con ello.

Si eres una nueva criatura en Cristo, ¿te has preguntado por qué a veces sientes todavía de la misma manera que antes? Porque todo lo que aprendiste antes de conocer a Cristo todavía está programado en tu memoria. No hay un botón en la mente que sirva para borrar lo que está mal. Por eso Pablo dice: "No os conforméis a este siglo, sino transformaos por medio de la renovación de vuestro entendimiento" (Romanos 12:2).

Ilustremos. Cuando estuve en la marina, al capitán de nuestro barco le decíamos "el Viejo". Mi primer Viejo era rudo y de mal genio, y nadie lo quería. Bebía con los jefes, ofendía a los oficiales subalternos y le hacía la vida imposible al resto de la tripulación. Era un Viejo repugnante. Sin embargo, para sobrevivir a bordo de ese barco yo tenía que aceptar su autoridad y relacionarme con él como mi Viejo. Un día lo trasladaron a otro barco. Ya no tuve que relacionarme con él ni estuve ya bajo su autoridad.

Llegó entonces un nuevo capitán que era muy distinto del Viejo que me había dado el entrenamiento. ¿Cómo me relacioné con el nuevo capitán? Al principio le respondí a la manera que había sido condicionado por el Viejo. Pero cuando conocí al nuevo capitán me di cuenta de que no era un rudo tirano como el Viejo que había sido mi autoridad. No estaba allí para atacar a su tripulación. Era un buen hombre, preocupado por nosotros, sin embargo, yo había sido programado durante dos años para reaccionar de cierta manera cada vez que veía los galones de capitán. Ya no era necesario que reaccionara de esa manera; pero fue necesario que transcurrieran varios meses para adaptarme al nuevo capitán.

Cuando estabas muerto en delitos y pecados, también serviste a un patrón cruel. El almirante de la flota es Satanás, el príncipe de las tinieblas, el Dios y príncipe de este siglo. Por gracia de Dios fuiste "librado de la potestad de las tinieblas, y trasladado al reino de su amado Hijo (Colosenses 1:13). Ahora tienes un nuevo patrón; tu nuevo hombre ha sido infundido de la nueva naturaleza de Jesucristo, tu nuevo almirante. Como hijo de Dios, ya no estás bajo la autoridad de Satanás ni estás dominado por el pecado y la muerte. El viejo hombre está muerto.

COSAS NUEVAS LLEGARON

A pesar de que todos los creyentes a veces siguen viviendo conforme al viejo hombre, como Pablo, son nuevas personas —nuevas en relación con Dios y nuevas en sí mismas. El cambio ocurrido cuando vinimos a Cristo comprende dos dimensiones.

Primera, tenemos un nuevo amo. Como mortales no tenemos opción sino de vivir bajo una autoridad espiritual —nuestro Padre celestial o el Dios de este mundo. En la salvación, el creyente en Cristo experimenta un cambio en el poder que domina su vida.

Segunda, hay un cambio real en la "naturaleza" de los creyentes de modo que la tendencia de sus vidas, o los deseos más profundos de su corazón están orientados hacia Dios y no hacia el yo y el pecado.

Esto se hace evidente cuando los creyentes eligen el pecado. Quedan convictos. Lo que hacen ya no es coherente con lo que son realmente en Cristo. He dado orientación a centenares de cristianos que dudan de su salvación por su lucha con el pecado. El hecho de que el pecado les preocupe es el mejor argumento para su salvación. La naturaleza del hombre natural es pecar. Por otra parte, he conversado con personas que profesan ser cristianos, pero parecen tener poco o ningún remordimiento por el pecado. Yo dudaría de su salvación. Si somos hijos de Dios, no vamos a vivir cómodamente en el pecado.

¿Por qué necesitas la naturaleza de Cristo en ti? Para que *seas* como Cristo, no sólo para que *actúes* como Él. Dios no nos ha dado el poder de imitarle. Nos ha hecho partícipes de su naturaleza para que podamos realmente *ser* como Él. No llegas a ser cristiano actuando como uno de ellos. Tu trato con Dios no es un trato de ejecución de obras. Él no dice: "Estas son mis normas, ahora trata de alcanzarlas". Él sabe que no puedes resolver el problema de una vieja naturaleza pecaminosa mediante la mejoría de tu conducta. Él debe cambiar tu naturaleza, darte un yo enteramente nuevo —la vida de Cristo en ti— que es la gracia que necesitas para vivir según sus normas.

Este era el énfasis del mensaje de Cristo en el Sermón del Monte: "si vuestra justicia no fuere mayor que la de los escribas y fariseos, no entraréis en el reino de los cielos" (Mateo 5:20). Los escribas y fariseos eran los perfeccionistas religiosos de su tiempo. Su conducta externa era casi una ciencia, pero sus corazones eran como un sepulcro: muerte nauseabunda. A Jesús sólo le interesa la creación de nuevas personas desde adentro hacia afuera mediante la infusión de una nueva naturaleza y la creación de un nuevo hombre. Sólo después que te hace partícipe de su naturaleza divina podrás cambiar tu conducta.

UN NUEVO AMO

Puesto que nos hemos identificado con Cristo en su muerte y resurrección, somos nuevos y formamos parte de una nueva humanidad. En este cambio, tenemos un nuevo poder que domina nuestra vida. Esto lo expresa claramente Romanos 6:5-7: "Si fuimos plantados juntamente con él en la semejanza de su muerte, así también lo seremos en su resurrección; sabiendo esto, que nuestro viejo hombre fue crucificado juntamente con él, para que el cuerpo del pecado sea destruido, a fin de que no sirvamos más al pecado. Porque el que ha muerto ha sido justificado del pecado". El "viejo hombre" en relación con el creyente ha sido crucificado en Cristo y se ha revestido del "nuevo hombre" (Colosenses 3:10).

Pablo dice: "Así también vosotros, consideraos muertos al pecado, pero vivos a Dios en Cristo Jesús" (Romanos 6:11). No es que considerándolo así hacemos que ocurra. Debemos creer continuamente que estamos vivos en Cristo y muertos al pecado, porque es así. Creer algo no lo hace verdad. Dios dice que es verdad, en consecuencia creemos. La muerte es el fin de una relación. La muerte es el término de una relación, no de su existencia. El pecado aún está presente, seductor y poderoso; pero cuando eres tentado a pecar, puedes decir: "No tengo por qué hacerlo. Por la gracia de Dios puedo llevar una vida recta".

Para ilustrar esto, veamos Romanos 8:1, 2: "Ahora, pues, ninguna condenación hay para los que están en Cristo Jesús... Porque la ley del Espíritu de vida en Cristo Jesús me ha librado del pecado y de la muerte". ¿Opera aún la ley del pecado y de la muerte? Sí, por eso Pablo la llama ley. No puedes quitar de en medio una ley, pero puedes vencerla por otra ley mayor, que es la "ley de vida en Cristo Jesús".

NO SOMOS SALVOS NI SANTIFICADOS POR NUESTRA CONDUCTA, SINO POR LA FORMA EN QUE CREEMOS.

Por ejemplo, como mortales no podemos volar por nuestra propia fuerza, pero podemos volar en un aeroplano porque este tiene un poder mayor que la fuerza de gravedad. Si piensas que la ley de gravedad no tiene ya efecto, corta el contacto a 10.000 metros de altura. Te estrellarás y arderás. Si andamos por fe según lo que Dios dice que es la verdad en el poder del Espíritu Santo, no satisfaremos "los deseos de la carne" (Gálatas 5:16). Si creemos una mentira y andamos según la carne, nos estrellaremos y arderemos.

SALVADO Y SANTIFICADO POR LA FE

Pablo dice en Romanos 6:6: "nuestro viejo hombre fue crucificado" (tiempo pasado). Tratamos muchas veces de hacer morir al viejo hombre pero no lo logramos. ¿Por qué? Porque ya está muerto. Debido a que muchos cristianos no viven la vida abundante, razonan incorrectamente: "¿Qué experiencia debería tener para que esto sea verdad?". Lo único que tenía que ocurrir sucedió hace casi dos mil años, y la única forma de entrar en esa experiencia es la fe.

Un estimado pastor que oyó de mi ministerio me pidió una entrevista. Dijo: —He luchado veintidós años en el ministerio y finalmente pienso que sé la respuesta. En mis devociones leí el siguiente pasaje: 'Porque habéis muerto y vuestra vida está escondida con Cristo en Dios' (Colosenses 3:3). Es así, ¿verdad?

Le aseguré que así era, y luego preguntó: —¿Cómo lo hago?

Le sugerí que leyera el pasaje con más lentitud. Este apreciado hombre había estado veintidós años tratando de llegar a ser lo que ya era, y esto ocurre con muchos creyentes. No podemos hacer por nuestro propio empeño lo que Cristo ya ha hecho por nosotros.

Demasiados cristianos tratan de mostrar que la Biblia es la verdad por medio de su forma de vida. Nunca les resultará. Aceptamos que lo que Dios dice es la verdad y vivimos en conformidad con ello por la fe y eso obrará en nuestra experiencia. Si tratamos de verificarlo por medio de nuestra experiencia, nunca lo lograremos. Pablo señala la inutilidad de ese modo de pensar en Gálatas 3:2, 3: "Esto solo quiero saber de vosotros: ¿Recibisteis el Espíritu por las obras de la ley, o por el oír con fe? ¿Tan necios sois? ¿Habiendo comenzado por el Espíritu, ahora vais a acabar por la carne?" Somos salvos por la fe y andamos o vivimos por la fe. Hemos sido santificados por la fe y seguimos siendo santificados por la fe y sólo por la fe. No somos salvos ni santificados por nuestra conducta sino por la forma en que creemos.

La obra expiatoria de Dios cambia a los pecadores en santos. El cambio radical, la regeneración, se efectúa en el momento de la salvación. El cambio posterior en el andar diario del creyente sigue durante toda la vida. Sin embargo, la obra progresiva de la santificación, sólo es eficaz cuando se realiza la transformación interna radical por medio de la regeneración y se apropia por la fe.

Como cristiano nuevo eras como un pedazo de carbón: sin atractivo, frágil y sucio al tocarlo. Sin embargo, con el tiempo y la presión, el carbón se endurece y se hace hermoso. Aunque el trozo original de carbón no es un diamante, contiene todas las sustancias necesarias para ser un diamante. Ahora mismo eres un diamante en bruto, pero dado el tiempo y la presión, serás como un diamante que revela la gloria de Dios.

Anthony Hoekema comenta: "Vosotros sois nuevas criaturas ahora. No del todo nueva, pero genuinamente nueva. Nosotros los creyentes debemos vernos de esta manera: ya no como esclavos del pecado, depravados e incapacitados, sino como los que hemos sido creados de nuevo en Jesucristo".[2]

EQUILIBRIO ENTRE INDICATIVO E IMPERATIVO

La mayor tensión en el Nuevo Testamento es entre el indicativo (lo que Dios ya ha hecho y ya es verdad acerca de nosotros) y el imperativo (lo que queda por hacer cuando respondemos a Dios por fe y obediencia en el poder del Espíritu Santo). Tienes que conocer y creer la verdad posicional para progresar exitosamente en tu santificación o vas a andar tratando de hacer lo que Dios ya ha hecho por ti.

El equilibrio entre indicativo e imperativo en la Escritura es completo, pero no he observado esto en nuestras iglesias. La mayoría de las predicaciones que he oído se centran en los imperativos. La gente puede asistir durante años a una buena iglesia evangélica y jamás oír el mensaje de que son hijos de Dios vivos y libres en Cristo. Necesitamos adorar a Dios por todo lo que ha hecho, y descansar en la obra consumada de Cristo. Necesitamos oír reiteradamente la maravillosa identidad y posición que ya tenemos en Cristo, luego estaremos mejor preparados para recibir las instrucciones y asumir nuestra responsabilidad para vivir la vida cristiana.

EN RESUMEN

Se me preguntó si yo enseñaba la erradicación de la naturaleza pecaminosa en el nuevo nacimiento. Uno no puede dar una respuesta simplista, sí o no, a esa pregunta. Si tu pregunta es: "Crees que el viejo hombre está muerto", la respuesta es sí. Ya no estoy en Adán; estoy espiritualmente vivo en Cristo. Si preguntas: "¿crees que el cristiano puede todavía pecar y andar o vivir según la carne?", la respuesta es sí. Los nuevos creyentes son dominados por la carne y engañados por el diablo. Se necesita tiempo para renovar la mente y vencer los patrones de la carne.

Si me preguntas: "¿crees que tienes una nueva naturaleza?", yo respondería sí, porque Dios me ha dado un nuevo corazón y ahora estoy espiritualmente vivo. Mi "hombre nuevo" está orientado hacia Dios. He llegado a ser partícipe de la naturaleza divina (véase 2 Pedro 1:4), y "según el hombre interior, me deleito en la ley de Dios" (Romanos 7:22). Si me preguntas: "¿Eres santo o pecador?", con gozo respondo: "Creo que soy santo por la gracia de Dios y procuro vivir como hijo suyo en el camino que preparó para que viviera por fe en el poder del Espíritu Santo".

No olvides que todo nuestro ser estaba corrompido moralmente antes de acudir a Cristo. Nuestra mente estaba programada para vivir independientemente de Dios y los deseos de nuestra carne estaban en enemistad con el Espíritu de Dios. La carne (vieja naturaleza) tiene que ser crucificada por el creyente (ver Gálatas 5:24). No creo en la maduración instantánea. Llevará el resto de nuestra vida la renovación de nuestra mente para conformarnos a la imagen de Dios. La simiente puesta en nosotros por Dios apenas comienza a brotar. Ser hijo de Dios y estar libres en Cristo es verdad posicional y el derecho de nacimiento de cada creyente. Debido a falta de arrepentimiento e ignorancia de la verdad, muchos creyentes no viven como hijos libres de Dios. ¡Qué tragedia! Quizás la siguiente ilustración que usé en *Lo común hecho santo* explicará parte del porqué.

La esclavitud fue abolida en Estados Unidos por la 13ª enmienda el 18 de diciembre de 1865. ¿Cuántos esclavos había el 19 de diciembre? En realidad, ninguno, pero muchos seguían viviendo como esclavos. Muchos lo hicieron así, porque no sabían la verdad; otros la conocían y creían que eran libres, pero prefirieron vivir como se les había enseñado.

Muchos propietarios de plantaciones se sintieron devastados por la proclamación de la emancipación. "¡Estamos arruinados! La esclavitud ha sido abolida. Hemos perdido la batalla por conservar nuestros esclavos". Pero su principal portavoz respondió con astucia: "No necesariamente; mientras esta gente piense que todavía son esclavos, la emancipación no tendrá efectos prácticos". Ya no tenemos derecho legal sobre ellos, pero muchos de ellos no lo saben. Eviten que sus esclavos sepan la verdad, y el control sobre ellos no hallará oposición".

"Pero, ¿si se esparce la noticia?"

"No se dejen llevar por el pánico. Nos queda aún una bala. Quizás no podamos evitar que oigan la noticia, pero todavía podemos impedir que la entiendan. Ellos no me llaman en balde padre de mentiras. Todavía tenemos el potencial para engañar a todo el mundo. Solo díganles que no entendieron la 13ª enmienda. Díganles que van a ser libres, pero que todavía no son libres. La verdad que oyeron es solo una verdad posicional, no una verdad real. Algún día van a recibir los beneficios, pero no ahora".

"Pero ellos esperarán que yo les diga eso. No me creerán".

Entonces tomen unos pocos persuasivos que estén convencidos que aún son esclavos y déjenlos hablar por ustedes. Recuerden, la mayoría de esta gente libre nació esclavo y han vivido como esclavos. Todo lo que tenemos que hacer es engañarlos para que piensen que todavía son esclavos. Mientras sigan haciendo lo que hacen los esclavos, no será difícil convencerlos que deben seguir siendo esclavos, ellos mantendrán su identidad como esclavos debido a lo que hacen. En el momento que traten de profesar que ya no son esclavos, sólo díganles al oído: ¿Cómo puedes pensar que no eres esclavo si todavía haces lo que los esclavos hacen? Después de todo tenemos la capacidad de acusar a los hermanos día y noche".

Años más tarde muchos aún no habían oído la maravillosa noticia de su libertad, de modo que en forma natural siguieron viviendo como siempre habían vivido. Algunos habían oído la buena noticia, pero la evaluaron por lo que en el presente hacían y sentían. Ellos razonaban: "Todavía vivo en esclavitud, y hago lo mismo que siempre he hecho. La experiencia me dice que no soy libre. Siento lo mismo que antes de la emancipación, de modo que no debe ser verdad". Y siguen viviendo según lo que sienten, y no quieren ser hipócritas.

Un ex esclavo oyó la buena noticia y la recibe con gran gozo. Comprueba la validez de la proclamación y descubre que el decreto tuvo su origen en las más altas autoridades. No solo eso, pero personalmente costó a la autoridad un elevado precio que gustosamente pagó, para dar la libertad. Su vida es transformada. Razona correctamente que sería hipócrita creerle a sus sentimientos y no creer la verdad. Decidido a vivir según la verdad que ha conocido, comienza a cambiar drásticamente su experiencia. Comprende que su viejo amo ya no tiene autoridad sobre él y no es necesario obedecerle. Gustosamente sirve al que le libertó".[3]

NOTAS:

1. E. K. Simpson y F. F. Bruce, *Commentary On the Epistles to the Ephesians and the Colossians* (Grand Rapids, Eerdmans, 1957), p. 273.

2. Anthony Hoekema, *Created in God's Image* (Grand Rapids: Eerdmans/Paternoster, 1986), p. 110.

3. Neil T. Anderson y Robert Saucy, *Lo común hecho santo*, Editorial Unilit.

Capítulo 5

Cómo ser la persona espiritual que deseas ser

A principios del siglo veinte, un asilo en las afueras de Boston albergaba a individuos gravemente retardados y perturbados. Uno de los pacientes era una niña que la llamaban simplemente Anita. No se daba con nadie en el asilo. El personal trató todos los medios posibles para ayudarla, pero sin éxito. Finalmente fue encerrada en una celda en el sótano y fue desechada como incurable.

En el asilo trabajaba una cristiana que creía que una criatura de Dios necesita amor, preocupación y cuidado. Entonces decidió dedicar el tiempo del almuerzo para estar con Anita, leerle y oraba a Dios que la aliviara de la prisión del silencio. Todos los días esta cristiana llegaba a la puerta de Anita y leía. Pero la pequeña nada respondía. Pasaron meses. La mujer trataba de hablar con Anita, pero era como hablarle a un cuarto vacío. Le llevaba algunas golosinas, pero no recibía nada a cambio.

Un día faltaba una galleta del plato que la amable mujer recibió de vuelta de la celda de Anita. Animada, la mujer continuó su lectura y oración por ella. Con el tiempo, la pequeña comenzó a responder a través de los barrotes de su celda. Pronto la cristiana convenció al doctor que Anita necesitaba una segunda oportunidad para su tratamiento. La sacaron del sótano y se continuó el trabajo con ella. Dos años después se le dijo que Anita podía dejar el asilo y llevar una vida normal.

Sin embargo, ella prefirió no salir. Estaba muy agradecida por el amor y la atención que recibió de la cristiana que decidió quedarse y dar amor a otros como ella había sido amada. Anita permaneció en la institución para trabajar con otros pacientes que sufrían como ella había sufrido.

Casi medio siglo más tarde, la reina de Inglaterra celebró una ceremonia especial para honrar a una de las mujeres más inspiradoras de los Estados Unidos, a Hellen Keller. Cuando se le preguntó a qué atribuía su éxito al vencer su ceguera y sordera, Hellen Keller respondió: "Si no hubiera sido por Ana Sullivan, hoy yo no estaría aquí".

Ana Sullivan, que amó tenazmente y creyó en una niña incorregible, ciega y sorda llamada Hellen Keller, era Anita. Debido a una generosa cristiana que en la mazmorra del asilo para enfermos mentales creyó que una niña incurable necesitaba el amor de Dios, el mundo recibió el maravilloso don de Hellen Keller.

¿Qué se necesita para ser ese tipo de cristiano? ¿Qué se necesita para que pasemos la barrera de nuestro egoísmo inconsecuente, nuestros deseos carnales para prestar un servicio de amor a Dios y al prójimo? ¿En qué consistió la esencia de la madurez cristiana que motivo a la benefactora de Ana Sullivan para un ministerio tan significativo?

Primero, se necesita una firme comprensión de lo que eres en Cristo. No puedes llegar a ser como Jesús a menos que seas su retoño. Tienes que ser injertado en la vid porque sin Cristo nada puedes hacer (Juan 15:5).

Segundo, debes crucificar la carne enseñada largo tiempo por el pecado y andar en conformidad con lo que eres en Cristo y ser "transformado conforme a la renovación de tu entendimiento" (Romanos 12:2).

Tercero, se requiere la gracia de Dios. "Porque el pecado no se enseñoreará de vosotros; pues no estáis bajo la ley, sino bajo la gracia" (Romanos 6:14). No podemos tener una vida justa mediante el esfuerzo humano sobre la base de normas externas. Bajo el pacto de gracia, vivimos por la fe consecuentes con que lo que Dios dice es verdad en el poder del Espíritu.

Para vivir bajo la gracia necesitamos aprender a andar por el Espíritu (Gálatas 5:16-18). ¿Cómo andar en el Espíritu? Si respondiera esa pregunta ofreciendo tres pasos y una fórmula, volvería a ponerte bajo la ley. El Espíritu Santo es una *persona* con quien nos relacionamos como nuestro guía divino, y no un *aquello* que puede ponerse en una caja y cuantificarse. Hablamos de andar con Dios, lo que es una relación de Padre a hijo.

El apóstol Juan dice acerca del Espíritu: "El viento sopla de donde quiere, y oyes su sonido; mas ni sabes de dónde viene ni a dónde va; así es todo aquel que es nacido del Espíritu (Juan 3:8). Al ser lleno del Espíritu y guiado por Él te puede llevar a lugares nunca imaginados; pero la voluntad de Dios nunca te llevará donde la gracia de Dios no te pueda guardar. Creo que necesitamos "remar y desplegar las velas". Examinemos algunas de las directrices bíblicas para andar por el Espíritu.

TRES PERSONAS Y EL ESPÍRITU

En 1 Corintios 2:14—3:3, Pablo distingue tres tipos de personas en relación con la vida en el Espíritu: personas naturales, personas espirituales y personas carnales. El sencillo diagrama de este capítulo le ayudará a visualizar las diferencias que corresponden a la vida espiritual que existe entre estas tres clases de individuos.

LA PERSONA NATURAL
Vida "en la carne"
1 Corintios 2:14

CARNE (Romanos 8:8)

Aunque la carne puede referirse al cuerpo, es la independencia aprendida que le da oportunidad al pecado. El hombre natural que intenta encontrar propósito y significado en la vida independiente de Dios, va a luchar con la inferioridad, inseguridad, insuficiencia, culpabilidad, preocupación y dudas.

CUERPO

Tensiones, jaquecas, estómago nervioso, urticaria, salpullido en el cutis, alergias, asma, algunos tipos de artritis, colón espástico, palpitaciones cardíacas, males respiratorios, etc.

EMOCIONES

Amargura, ansiedad, depresión, etc.

ESPÍRITU

El espíritu del hombre está muerto a Dios (Efesios 2:1-3); así que el hombre natural no puede cumplir el propósito para el cual fue creado. Sin la vida de Dios, el pecado es inevitable.

MENTE

Pensamientos obsesivos, fantasías, etc.

VOLUNTAD

(Gálatas 5:16-21)

Caminar según la carne:

inmoralidad	celos
impureza	disputas
Sensualidad	disensiones
idolatría	facciones
Hechicería	envidias
enemistades	borracheras
contiendas	parrandas
explosiones de ira	

Figura 5-A

Efesios 2:1-3 contiene una descripción concisa de la persona natural que Pablo identifica en 1 Corintios 2:14 (véase figura 5-A). Esta persona está espiritualmente muerta, separada de Dios. Al vivir completamente independiente de Dios, la persona natural peca como cosa corriente.

El hombre natural tiene un alma, con la que puede pensar, sentir y escoger. Sin embargo, como muestran las flechas del diagrama, su mente y subsecuentemente sus emociones y su voluntad son dirigidas por su carne, la cual actúa completamente separada de Dios que lo creó. El hombre natural puede pensar que puede elegir libremente su conducta. Sin embargo, dado que vive *en* la carne, invariablemente anda *según* la carne y sus decisiones reflejan las "obras de la carne" de la lista de Gálatas 5:19-21.

Puesto que vive en la era del estrés y carece de una base espiritual para enfrentar la vida y tomar decisiones positivas, la persona natural puede caer víctima de una o más de las dolencias físicas que aparecen en el diagrama. Los médicos nos dicen que cincuenta por ciento de la población está físicamente enferma por razones psicosomáticas. La paz mental y la serena seguridad de la presencia de Dios en nuestra vida afecta positivamente nuestra salud corporal. "El que levantó de los muertos a Cristo Jesús vivificará también vuestros cuerpos mortales por su Espíritu que mora en vosotros" (Romanos 8:11).

Las acciones, reacciones, hábitos, recuerdos y respuestas de la persona natural las gobierna la carne. "Todo lo que no proviene de fe, es pecado" (Romanos 14:23). El hombre natural no puede evitar la lucha con complejos de inferioridad, inseguridad, incapacidad, culpa, preocupaciones y dudas.

El hombre espiritual también tiene cuerpo, alma y espíritu. Sin embargo, como lo ilustra la figura 5-b, esta persona ha sufrido una notable transformación de la persona natural que era antes de su nacimiento espiritual. En la conversión, su espíritu se une con el Espíritu de Dios. La vida espiritual resultante de esta unión se caracteriza por el perdón de pecados, la aceptación dentro de la familia de Dios y un sentido positivo de dignidad.

El alma del hombre espiritual además refleja un cambio generado por el nacimiento espiritual. Ahora recibe el impulso del Espíritu, no de la carne. Su mente ha sido renovada y transformada. Sus emociones se caracterizan por la paz y el gozo en lugar de

LA PERSONA ESPIRITUAL
Vida "En el Espíritu"
1 Corintios 2:15

CARNE (Romanos 8:8)
Crucificar la carne es responsabilidad del
creyente de una manera diaria al conside-
rarse muerto al pecado.

CUERPO
Templo de Dios (1 Corintios 6:19,20)
Presentado como un sacrificio vivo y
santo (Romanos 12:1)

MENTE
Transformada
(Romanos 12:2) de
una sola mentali-
dad (Filipenses
4:6-8) Ceñidos
para acción
(1 Pedro 1:13)

EMOCIONES
Gozo
(Filipenses 4:4)
Paz
(Colosenses 3:15)

VOLUNTAD
(Gálatas 5:22,23)
Andar según el Espíritu:
Amor
gozo
paz
paciencia
benignidad
bondad
fe
mansedumbre
templanza

ESPÍRITU
(Romanos 8:9)
Salvación (Juan 3:3; 1 Juan 3:9)
Perdón (Hechos 2:38;
Hebreos 8:12)
Confianza (Romanos 8:16)
Seguridad (Efesios 1:13, 14)
Aceptación (1 Juan 3:1)
Valor (Efesios 2:10)

Figura 5-b

la turbulencia. También tiene la libertad de elegir *no* andar en la
carne, sino andar según el Espíritu. Cuando el hombre espiritual
ejerce su decisión de vivir en el Espíritu, su vida muestra el fruto
del Espíritu (Gálatas 5:22, 23).

El cuerpo de la persona espiritual ha sido transformado. Ahora es la morada del Espíritu Santo, y se ofrece como sacrificio vivo de culto y servicio a Dios. La carne, condicionada a vivir independientemente de Dios bajo el viejo hombre, todavía está presente en el hombre espiritual, pero responsablemente crucifica la carne y sus deseos diariamente, puesto que se considera vivo en Cristo y muerto al pecado.

—Pero eso se ve y suena maravilloso —podrías decir—. Pero soy cristiano y todavía tengo problemas. Sé que estoy espiritualmente vivo, pero a veces mi mente se llena de pensamientos incorrectos. A veces caigo en conductas de la lista mala: las obras de la carne en lugar del fruto del Espíritu. A veces acaricio los deseos de la carne en lugar de crucificarlos.

La descripción de la persona espiritual es el ideal. Es el modelo de madurez hacia el cual todos crecemos. Dios ha hecho provisión para que experimentemos personalmente la descripción de la persona espiritual dada en su Palabra (2 Pedro 1:3). Sin embargo, la mayoría de nosotros vive en algún punto de la ladera entre la cumbre de esta montaña de la madurez espiritual y las profundidades de la conducta carnal descrita en la figura 5-C. Mientras andas en el Espíritu, ten la seguridad que tu crecimiento, madurez y santificación hacia el modelo ideal están en proceso.

Nótese que el espíritu de la persona carnal es idéntico al de la persona espiritual. El hombre carnal es un cristiano, espiritualmente vivo en Cristo y declarado justo por Dios; pero allí es donde se acaba la similitud. En vez de ser dirigido por el Espíritu, este creyente prefiere seguir los impulsos de la carne. Como resultado, su mente la ocupan los pensamientos carnales y sus emociones están plagadas de sentimientos negativos. Aunque tiene la libertad para andar según el Espíritu y para producir fruto para el Espíritu, sigue involucrado en actividad pecaminosa puesto que anda voluntariamente según la carne.

El cuerpo del hombre carnal es templo de Dios, pero está contaminado. Su cuerpo físico suele presentar los mismos síntomas

LA PERSONA CARNAL
Vida "Según la carne"
1 Corintios 3:3

CARNE (Romanos 8:8)
Las costumbres arraigadas siguen
atrayendo a la mente a vivir
independiente de Dios.

CUERPO
Tensiones, jaquecas, estómago nervioso,
urticaria, salpullido en el cutis, asma,
alergias, algunos tipos de artritis, colón
espástico, palpitaciones cardíacas, males
respiratorios, etc..

MENTE
De doble mentalidad

EMOCIONES
Inestables

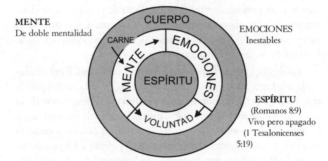

ESPÍRITU
(Romanos 8:9)
Vivo pero apagado
(1 Tesalonicenses
5:19)

VOLUNTAD (Gál. 5:16-18)
Caminar según la carne
(frecuentemente)

Caminar según el Espíritu
(pocas veces)

Inmoralidad	celos	Amor
Impureza	disputas	Gozo
Sensualidad	disensiones	Paz
Idolatría	facciones	Paciencia
Hechicerías	envidias	Benignidad
Enemistades	borracheras	Bondad
Contiendas	parrandas	fe
explosiones de ira		mansedumbre
		templanza

Figura 5-C

perturbadores experimentados por el hombre natural, dado que no obra de la manera que Dios lo creó. No presenta su cuerpo en sacrificio vivo a Dios, pero es indulgente con sus apetitos carnales según los caprichos de su carne adiestrada en el pecado. Puesto que cede a la carne en lugar de crucificarla, el hombre carnal está sujeto a los sentimientos de inferioridad, a la inseguridad, la incapacidad, la culpa, la preocupación y las dudas.

Hace varios años, hice una pequeña investigación para descubrir cuántos cristianos todavía son víctimas de su carne. Les presenté la misma pregunta a 50 cristianos que consecutivamente conversaron conmigo sobre los problemas de su vida:

"¿Cuántas de estas características describen tu vida: inferioridad, inseguridad, incompetencia, culpa, preocupación y duda?" Cada uno de los cincuenta respondió: "Las seis". Aquí tenemos 50 hijos de Dios, nacidos de nuevo que estaban de tal manera empantanados por la carne que lidiaban con los mismos problemas que abruman a los que viven sólo en la carne.

Si te planteo la misma pregunta, ¿cómo responderías? Con mi experiencia como consejero, imagino que muchos de ustedes reconocerían que algunas o todas estas seis características los describirían. Me resulta evidente que un número asombroso de creyentes no sabe vivir por la fe en el poder del Espíritu Santo.

¿Luchas con sentimientos de inferioridad? ¿A quién o a qué eres inferior? Eres hijo de Dios sentado con Cristo en los lugares celestiales (Efesios 2:6). ¿Te sientes inseguro? Tu Dios nunca te dejará ni te abandonará (Hebreos 13:5). ¿Incompetente? Todo lo puedes en Cristo que te fortalece (Filipenses 4:13). ¿Culpable? Ninguna condenación hay para los que están en Cristo Jesús (Romanos 8:1) ¿Preocupado? Puedes tener paz con Dios y aprender poner tu ansiedad sobre Cristo (Filipenses 4:6; 1 Pedro 5:7; Juan. 14:27). ¿Dudas? Dios da sabiduría a quien la pide (Santiago 1:5).

¿Por qué suele haber una disparidad tan grande ente las dos clases de cristianos, espiritual y carnal? ¿Por qué tantos cristianos viven tan lejos de su potencial en Cristo? ¿Por qué tan pocos de

Victoria sobre la oscuridad

nosotros disfruta la vida abundante, productiva que ya hemos heredado? Cada año deberíamos ser capaces de decir: "Ahora soy más amante, apacible, gozoso, paciente, amable y gentil que lo que era el año pasado". Si no podemos decir honestamente eso, no estamos creciendo.

"Como todas las cosas que pertenecen a la vida y a la piedad nos han sido dadas por su divino poder, mediante el conocimiento de aquel que nos llamó por su gloria y excelencia" (2 Pedro 1:3). Sin embargo, un sinnúmero de cristianos han estado nacidos de nuevo durante años —aun décadas— pero todavía les falta experimentar una medida significativa de victoria sobre el pecado. La ignorancia, la falta de arrepentimiento y de fe en Dios y los conflictos no resueltos impiden que la persona crezca.

CAMINAR POR EL ESPÍRITU ES UNA RELACIÓN NO UNA REGLAMENTACIÓN.

El mundo y la carne no son los únicos enemigos de nuestra santificación. Tenemos un enemigo vivo, personal, Satanás, que trata de acusar, tentar y engañar a los hijos de Dios. Pablo escribe acerca de Satanás: "No ignoramos sus maquinaciones" (2 Corintios 2:11). Quizás Pablo y los corintios no las ignoraran, pero muchos de los cristianos del presente las ignoran. Vivimos como si no existiese el reino de las tinieblas. Nuestra ingenuidad en esta área es un tributo agobiante que impide a los cristianos experimentar su libertad en Cristo.

PARÁMETROS DEL ANDAR LLENO DEL ESPÍRITU

Cuando nos convertimos éramos como una cortadora de pasto con motor de un tercio de caballo de fuerza. Podíamos hacer algo, pero no mucho porque no éramos maduros. Nuestra meta como cristianos es llegar a ser un motor Caterpillar DC9 —una verdadera usina eléctrica para el Señor. Sin embargo, sin combustible nada pueden lograr ni una cortadora de pasto ni un tractor nivelador. Sin Cristo nosotros nada podemos hacer (Juan 15:5). No importa cuán maduro seas, no puedes producir si no andas por la fe en el poder del Espíritu Santo.

Cuando se llega a decidir entre andar en la carne y andar en el Espíritu, nuestra voluntad es como un conmutador de dos sentidos. La voluntad del nuevo cristiano parece un resorte cargado hacia la conducta carnal. Los nuevos creyentes van a vivir según lo que saben, y no saben mucho acerca de la vida llena del Espíritu. La voluntad del cristiano maduro está cargada hacia el Espíritu. Hacen malas decisiones ocasionales, pero aprenden diariamente a crucificar la carne por la fe en el poder del Espíritu Santo.

Andar en el Espíritu es relación, no es estricta disciplina. A modo de ilustración, piensa en tu matrimonio. Quizás hayas comenzado tu matrimonio apoyado en reglas para una comunicación efectiva, satisfaciendo uno las necesidades sexuales del otro y así sucesivamente. Sin embargo, si después de varios años ni siquiera pueden hablarse o hacer el amor sin seguir un patrón o lista de pasos, su relación matrimonial está aún en la infancia. En un matrimonio maduro la comunicación fluye en forma natural entre dos que se aman mutuamente.

Otro ejemplo es la oración. Quizás hayas aprendido a orar usando una clave: adoración, confesión, acción de gracias, suplicación. Sin embargo, si has sido creyente durante años y tu vida de oración no es mucho más profunda que eso, no has aprendido a orar en el Espíritu (Efesios 6:18). La oración es un camino de ida y regreso con Dios que requiere escuchar además de pedir.

Pablo define lo que significa andar en el Espíritu en Gálatas 5:16-18: "Andad en el Espíritu y no satisfagáis los deseos de la carne. Porque el deseo de la carne es contra el Espíritu, y el del Espíritu es contra la carne; y éstos se oponen entre sí, para que no hagáis lo que quisiereis. Pero si sois guiados por el Espíritu, no estáis bajo la ley". Realmente este pasaje nos dice más acerca de lo que no es andar en el Espíritu, pero es útil porque nos da dos parámetros dentro de los cuales podemos vivir libres.

Lo que no es andar lleno del Espíritu

Primero, Pablo dice que andar en el Espíritu no es licencia. Licencia es desconsideración hacia las reglas o reglamentos y constituyen el abuso de un privilegio. Algunos cristianos afirman erróneamente que andar en el Espíritu y vivir bajo la gracia significa: "yo puedo hacer los que quiera". Andar en el Espíritu quiere decir "no puedes hacer lo que se te antoje". Vivir por el Espíritu no es tener libertad para hacer lo que quieras. Eso sería licencia. Significa que eres libre para vivir libre, responsable y moralmente, algo que no podías hacer cuando eras esclavo del pecado.

Se me invitó a hablar en una clase de religión en un colegio católico sobre el cristianismo protestante. Al final de la charla un estudiante de aspecto atlético, avispado levantó la mano y preguntó:

—¿Hay muchos noes en su religión?

Le respondí:

—Creo que no tengo otros que los que Dios no tenga; pero creo que tu pregunta en realidad es: "¿tengo alguna libertad" —él asintió.

—Por cierto, tengo libertad para hacer lo que quiero —respondí.

Reveló en su rostro que no me había creído:

—Por favor, hable en serio —dijo.

Le respondí: —Soy libre de tomar la decisión de asaltar un banco. Pero soy suficientemente maduro para comprender que sería esclavo de ese acto por el resto de mi vida. Siempre andaría mirando que no me descubrieran. Tendría que ocultar mi delito, posiblemente me escondería y a la larga tendría que pagar por lo que hice. También soy libre de decir una mentira. Pero si miento, tendría que recordar la mentira que dije y a quién se la dije.

Lo que algunos piensan que es libertad sólo es licencia que conduce a la esclavitud. La libertad no está en el ejercicio de la decisión; en último análisis está en sus consecuencias. El Espíritu de verdad siempre nos guiará a la libertad, pero los deseos de la carne nos llevarán al pecado y la esclavitud. Los mandamientos de Dios no son restrictivos; protegen. Nuestra verdadera libertad está en la capacidad de decidir vivir responsablemente dentro de las directrices protectoras que Dios ha establecido para nuestra vida.

Segundo, andar en el Espíritu tampoco es legalismo. "Si sois guiados por el Espíritu, no estáis bajo la ley" (Gálatas 5:18). Si quieres relacionarte con Dios sobre la base de la ley moral, necesitas oír las palabras de Pablo en Gálatas 3:10: "porque todos los que dependen de las obras de la ley están bajo maldición". Tú serás una persona guiada o serás un marginado presa de la culpa. "¿Luego la ley es contraria a las promesas de Dios? En ninguna manera; porque si la ley dada pudiera vivificar, la justicia sería verdaderamente por la ley" (Gálatas 3:21). La ley no tiene poder para dar vida.

Decirle a la gente que lo que hacen está mal no les da vida para dejar de hacerlo. Los cristianos han sido notables en sus esfuerzos por legislar la espiritualidad con noes: El cristiano no bebe, no fuma, no baila, no va al cine, no juega a las cartas, no usa maquillaje, y así sucesivamente. Otros pretenden que no son legalistas, pero todo lo que han hecho es pasar de un legalismo negativo (no hacer esto ni aquello) al legalismo positivo (hazlo de esta y de esta otra manera). Somos "siervos de un nuevo pacto, no de la letra, sino del Espíritu, porque la letra mata, pero el Espíritu vivifica" (2 Corintios 3:6).

La ley también tiene la capacidad de estimular el deseo de hacer lo que intentaba prohibir (véase Romanos 7:5, 8). Permíteme ilustrar esto. ¿Qué ocurre cuando le dices a un niño: "Puedes ir allá, pero no a este otro lado"? En el momento que le dices esto, ¿a dónde quiere ir el niño? Allá. Probablemente no tenía intenciones de ir hasta que le dijiste que no podía ir. Un colegio cristiano publicó una lista de películas que los estudiantes no podían ver.

¿Adivinas cuáles querían ver? ¿Por qué el fruto prohibido es el más deseable. Aparentemente esto ocurrió también en el Huerto de Edén.

El cristianismo es una relación, no un ritual ni un código de ética religiosa. No podemos observar los mandamientos por medio del esfuerzo humano viviendo bajo la ley. La ley ha sido nuestro "ayo, para llevarnos a Cristo, a fin de que fuésemos justificados por la fe" (Gálatas 3:24). En Cristo podemos vivir realmente por la fe conforme las justas leyes de Dios en el poder del Espíritu Santo.

Supón que caminas por un camino muy estrecho en la montaña. A la derecha hay un precipicio demasiado escarpado para trepar y demasiado ancho para saltar. En el otro lado del camino hay un rugiente incendio forestal. Adelante hay una iglesia y un león rugiente detrás de ti. ¿Hacia dónde corres? Tu derecha es una opción. Te alejas del precipicio. ¿Puedes imaginarte la emoción inicial? Sin embargo, esa decisión trae graves consecuencias, como la repentina detención al final. Esa es la naturaleza de la tentación. Si no parece inicialmente buena, nadie sería tentado. Ceder a la tentación trae graves consecuencias. Cuando la gente defiende la libertad sexual, abogan por una licencia que tiene consecuencias mortales para las relaciones significativas y aun para la vida.

A la izquierda hay otra opción, pero te podría quemar el legalismo. El acusador no te dará paz cuando trates de vivir bajo la ley. El único camino hacia la libertad está adelante, pero ningún templo ni grupo de personas proveerá un santuario adecuado. El diablo, como león rugiente busca a quien devorar (1 Pedro 5:8), y tu único escondite está "en Cristo". Ningún lugar físico puede ser un santuario espiritual para ti en el planeta tierra.

Lo que es andar en la plenitud del Espíritu

Si andar en la plenitud del Espíritu no es licencia ni legalismo, entonces ¿qué es? Es libertad. "Porque el Señor es el Espíritu; y donde está el Espíritu del Señor, allí hay libertad" (2 Corintios 3:17).

Nuestra libertad en Cristo es uno de los bienes más preciados que hemos recibido de nuestra unión espiritual con Dios. Puesto que el Espíritu del Señor está en ti, eres libre para llegar a ser la persona que quería que fueras al crearte. Ya no estás obligado a andar según la carne como antes de tu conversión. Ni siquiera estás obligado a andar según el Espíritu, pero interiormente estás inclinado en esa dirección. Tienes que decidir entre andar según el Espíritu o andar según la carne.

Andar según el Espíritu implica dos cosas. Primero, no es *sentarse* en el Espíritu. Andar en el Espíritu no consiste en sentarse por ahí esperando en santa piedad que Dios lo haga todo. Segundo, no es *correr* en el Espíritu. La vida llena del Espíritu no es una ronda sin fin de actividades agotadoras en que tratamos de hacerlo todo por nosotros mismos. El error típico de muchos creyentes es creer que serán más espirituales si se esfuerzan mucho. Si Satanás no puede tentarnos para llevarnos a la inmoralidad, sencillamente tratará de que nos llenemos de ocupaciones.

¿Cuánto fruto podemos llevar si tratamos de hacerlo todo por nuestro propio esfuerzo? ¡Ninguno! Sin Cristo nada podemos hacer (Juan 15:5). ¿Cuánto se logra hacer en el reino de Dios si esperamos que Dios lo haga todo personalmente? ¡No mucho! Dios ha encargado a la iglesia su obra durante esta era (Efesios 3:10). Tenemos el privilegio de plantar y regar, y Dios da el crecimiento (1 Corintios 3:6-9). Si no plantamos y regamos, nada crece.

Un pastor trabajaba en su jardín cuando recibió la visita de uno de sus diáconos. —¡Caramba! Dios le ha dado un hermoso jardín —dijo el diácono.

—Debería haberlo visto cuando Dios lo cuidaba él solo —le contestó el pastor.

Esta verdad la ilustra Jesús En Mateo 11:28-30: "Venid a mí todos los que estáis trabajados y cargados, y yo os haré descansar. Llevad mi yugo sobre vosotros, y aprended de mí, que soy manso y humilde de corazón; y hallaréis descanso para vuestras almas; porque mi yugo es fácil y ligera mi carga".

En su juventud, Jesús era carpintero. En aquél tiempo, los carpinteros no construían casas; hacían puertas y yugos de madera. Jesús usó esos productos para describir metafóricamente la vida espiritual. Por ejemplo, Jesús es la puerta hacia la vida espiritual (Juan 10:9), y el yugo es una viga de madera que se coloca sobre la cabeza de dos bueyes. ¿Para qué sirve el yugo sobre una sola cabeza? Mejor sería no llevarlo. Sólo sirve si dos van enyugados y tiran en la misma dirección.

El buey joven aprende cuando se le pone en un yugo con un buey que ya conoce el oficio, "que por lo que padeció, aprendió la obediencia" (Hebreos 5:8). La naturaleza típica del buey joven le lleva a creer que el paso es muy lento, y trata de correr, pero todo lo que consigue es que le duela el cuello. "Los muchachos se fatigan y se cansan, los jóvenes se fatigan y caen; pero los que esperan en Jehová tendrán nuevas fuerzas; levantarán alas como las águilas; correrán y no se cansarán; caminarán y no se fatigarán" (Isaías 40:30-31). Algunos bueyes jóvenes se sienten tentados a abandonar, pero la vida sigue y las deudas se acumulan. Otros se sentirán tentados a desviarse a la izquierda o a la derecha. *Entonces llega el día en que el buey joven se dice: Este buey viejo sabe de qué habla, y sabe andar, creo que aprenderé de él.*

Una vez tuve un perro mudo llamado Buster. Compré una cadena y mandé a Buster a una escuela para perros con mi hijo. No resultó. Un día quise sacar a Buster a caminar. Dije "caminar", no "correr". Le puse la cadena y salimos. Yo era el amo y sabía a dónde quería ir en esta caminata. Buster casi se estranguló tratando de correr adelante, pero yo estaba decidido a ser el amo y mantener mi paso. Luego se detenía a olfatear una flor o cualquier cosa, pero yo seguía caminando.

—¿Aprendió ese perro mudo a caminar con su amo? —preguntarás—. No, nunca. He conocido una gran cantidad de cristianos que tampoco han aprendido. Algunos tratan de correr delante de Dios y se queman. Otros caen en la tentación y se desvían a la izquierda o a la derecha. Algunos simplemente se echan

cuando su Amo les dice: "Venid a mí todos los trabajados y cargados y yo os haré descansar" (Mateo 11:28). Podemos hallar descanso para nuestra alma si aprendemos a vivir por la fe en el poder
del Espíritu Santo.

Guiados por el Espíritu

También somos "guiados por el Espíritu" (Romanos 8:14). El
Señor usa otra metáfora para describir nuestra relación con Él. Él
es nuestro pastor y nosotros somos ovejas de su prado. Las ovejas
necesitan ser apacentadas. Lo sé porque en mi juventud en la
granja de Minnesota, tuve el privilegio de ser pastor de ovejas. En
la primavera, cuando se producía el deshielo, pastoreábamos las
ovejas cerca del camino para que comieran hierba fresca.
Teníamos que mantenerlas en movimiento o comían hasta
atragantarse y morir. La arriábamos desde atrás, como lo hace un
perro ovejero australiano.

Mientras estudiaba en Israel, observé a un pastor que cuidaba
sus ovejas en una ladera en las afueras de Belén. El pastor, sentado
en una piedra miraba a las ovejas mientras pacían. Luego se paró,
dijo una pocas palabras a las ovejas y comenzó a caminar. Las ovejas lo miraron y le siguieron. Al contrario de mi experiencia de llevar las ovejas desde atrás, los pastores de Israel la guían
caminando delante de ellas hasta el día de hoy. De pronto las palabras de Jesús en Juan 10:27 tuvieron para mí un nuevo sentido:
"Mis ovejas oyen mi voz, y yo las conozco, y me siguen". Pablo
dice: "Porque todos los que son guiados por el Espíritu de Dios, éstos son hijos de Dios" (Romanos 8.14).

La prueba es el fruto

¿Cómo puedes saber si estás caminando según la carne o según el
Espíritu? Mira tu vida. "Y manifiestas son las obras de la carne, que
son: adulterio, fornicación, inmundicia, lascivia, idolatría, hechicerías,
enemistades, pleitos, celos, iras, contiendas, disensiones, herejías,
envidias... y cosas semejantes a estas" (Gálatas 5:19-21). Las obras

son actos espiritualmente muertos y no reflejan la vida de Cristo. Si una persona tiene un acceso de ira, ¿vive según el Espíritu? ¿Pueden culpar a alguien por su acceso de rabia? No, esa es una obra de su carne. Jesús dice: "Lo que del hombre sale, eso contamina al hombre" (Marcos 7:20).

Debemos aprender a tener suficiente conciencia personal para saber cuando vivimos según la carne y asumir la responsabilidad por nuestras actitudes y acciones. Necesitamos caminar en la luz y aprender a confesar nuestros pecados, lo que significa concordar conscientemente con Dios. Cuando se hace evidente una obra de la carne, reconoce mentalmente eso delante de Dios y pídele que te llene de su Espíritu Santo. Mientras más practiques esa sencilla disciplina, más vivirás según el Espíritu.

"El fruto del Espíritu es amor, gozo, paz, paciencia, benignidad, bondad, fe, mansedumbre, templanza" (Gálatas 5:22, 23). Nótese que dice fruto, no frutos del Espíritu. El fruto viene de algo que vive. Es el resultado de estar en Cristo y su expresión fundamental es el amor, que es el carácter de Dios. "Hemos conocido y creído el amor que Dios tiene para con nosotros. Dios es amor; y el que permanece en amor, permanece en Dios, y Dios en él" (1 Juan 4:16).

Capítulo 6

El poder de creer
la verdad

Hace 60 años, en las afueras de Nashville, Tennessee, nació una niña con grandes problemas de salud que la dejaron lisiada. Tenía una familia cristiana grande y maravillosa. Mientras sus hermanos y hermanas corrían y jugaban en el patio, ella estaba obligada a permanecer encerrada.

Periódicamente, sus padres la llevaban a Nashville para terapia física, pero las esperanzas de la niña eran muy débiles.

—¿Alguna vez podré correr y jugar como los otros niños? —le preguntó a sus padres.

—Querida, sólo tienes que creer —respondieron— tienes que confiar en Dios, porque en Él todas las cosas son posibles.

La niña tomó el consejo de sus padres y comenzó a creer que Dios podría hacerla caminar sin muletas y, sin el conocimiento de sus padres ni doctores, empezó a practicar con la ayuda de sus hermanos y hermanas. Cuando cumplió doce años, sorprendió a todos, dejando las muletas a un lado y caminando por la oficina del doctor sin ayuda. Los médicos no podían creer su progreso. Desde ese momento no volvió a usar las muletas.

Su siguiente meta era jugar baloncesto, mientras continuaba ejercitando su fe y coraje —tan bien como ejercitaba sus piernas sin desarrollo, quería formar parte del equipo escolar de baloncesto. El entrenador seleccionó a su hermana mayor para el equipo, pero a la menor le dijo que no era suficientemente buena. Su padre, un hombre sabio y cariñoso, le dijo al entrenador:

—Mis hijas vienen en par. Si quiere una, también tendrá que tomar a la otra.

De mala gana, el entrenador tomó también a la pequeña. Le entregaron un uniforme obsoleto y la autorizaron a trabajar con los otros jugadores.

Un día ella se acercó al entrenador y le dijo: —Si usted me da 10 minutos diarios de entrenamiento adicional, yo le daré una excelente deportista.

Al principio el entrenador se rió, pero después se dio cuenta que ella hablaba en serio. Finalmente, accedió, le concedió tiempo adicional a ella, a su mejor amiga y a otros dos muchachos. Su ánimo no decaía y demostraba tener grandes habilidades atléticas y mucho coraje. Al poco tiempo llegó a ser una de las mejores jugadoras.

Su equipo fue seleccionado para competir en el campeonato de baloncesto del estado. Uno de los árbitros del torneo notó su gran destreza y le preguntó si alguna vez había competido en una pista de carreras. ¡Por supuesto que no! El árbitro, que casualmente, resultó ser el entrenador del mundialmente famoso equipo de carreras Tiger Bells, la animó a que empezara a entrenar. Así, ella comenzó a correr y a ganar carreras, e incluso llegó a ganar un puesto de titular en el campeonato de carreras del estado.

A los 16 años era una de las mejores corredoras jóvenes del país. Compitió en las Olimpiadas de Australia y ganó una medalla de bronce por la carrera de 400 metros de relevo, pero no satisfecha con esto, siguió trabajando duramente por 4 años y regresó a las Olimpiadas de 1960 en Roma. Y, entonces, Wilma Rudolph, ganó en las carreras de 100 y 200 metros planos y en la de 400 metros de relevo —todo un récord mundial. Durante ese año, recibió el premio Sullivan a la atleta más destacada de los Estados Unidos. Así, la fe y el trabajo constante de Wilma Rudolph habían dado sus frutos.

Cuando escuchamos estas emotivas historias, como la de Wilma, uno se pregunta *si realmente el elemento fundamental para que logremos alcanzar metas que parecían imposibles y hacer cosas que los otros no pueden hacer es la fe. También nos preguntamos si esta fe puede hacer las mismas cosas por mí.*

LA IMPORTANCIA DE LA FE

La fe en Dios es parte fundamental en la vida cristiana. El autor de Hebreos lo resume, escribiendo: "Pero sin fe es imposible agradar a Dios; porque es necesario que el que se acerca a Dios crea que le hay, y que es galardonador de los que le buscan" (11:6).

Creer lo que Dios es, lo que dice y lo que hace es la llave para el Reino de Dios.

Hay que ver cuán importante es el concepto de fe. Somos salvos por fe (ver Efesios 2:8,9) y "Porque por fe andamos, no por vista" (2 Corintios 5:7). En otras palabras, fe es la base de nuestra salvación y el significado por lo cual vivimos. Si seguimos viviendo libres en Cristo, tenemos que tomar en cuenta tres simples conceptos:

1. La fe depende de su objeto

La verdad es que todos vivimos por fe. La única diferencia entre la fe de cristianos y no cristianos es el objeto de la misma. Lo importante es en *qué* o en *quién* creemos. Decirle a la gente que vivan por fe no es válido si ellos no entienden el objetivo de su fe, no se puede tener fe en la fe, ya que esta no sirve si no tiene un objeto.

En realidad, vivimos cada momento de nuestra vida por fe, aunque los objetos sean válidos o no lo sean. Por ejemplo, supongamos que vamos conduciendo un auto y la luz del semáforo está en verde, probablemente cruzaríamos la calle sin pensarlo dos veces, y lo haríamos por fe. Primero, creemos que la luz de la otra calle está en rojo, a pesar de que no podemos verla. Segundo creemos que el conductor de la otra calle sí ve la luz roja, por lo tanto pararía. Esto sí es tener mucha fe, pero si no creyéramos en todo lo mencionado anteriormente, no cruzaríamos tantas intersecciones; procederíamos con mucho más cuidado.

Confiamos en personas o cosas que han probado ser fiables durante mucho tiempo.

¿Qué sucede cuando el objeto de nuestra fe no es confiable? Desistimos, probablemente no de forma inmediata, pero ¿cuántas caídas toleraríamos antes de decir basta? Cuando la fe se pierde, es muy difícil recobrarla. El problema no es nuestra capacidad de creer; el objeto de nuestra fe ha probado no ser confiable.

Si hubiésemos tenido una gran cantidad de accidentes en auto por la culpa de conductores descuidados, nuestra habilidad para confiar en otros conductores se vería seriamente afectada y con razón; por esta razón nuestras relaciones humanas se tornan tan frágiles. Un solo acto de infidelidad puede destruir un matrimonio. Podemos perdonar a nuestro cónyuge y comprometernos a que el matrimonio funcione, pero ganar la confianza perdida tomará meses e incluso años. Realmente seríamos ingenuos si depositáramos nuestra confianza en algo o en alguien que probó no ser confiable.

El objeto de fe más aceptado por el mundo popular, es el orden del universo, primeramente el sistema solar. Coordinamos horarios, planeamos el calendario y el día, creyendo firmemente que la tierra seguirá dando vueltas sobre su eje y rotando alrededor del sol a una velocidad normal. Si la órbita terrestre cambiara tan sólo unos grados y el sol apareciera dos horas más tarde, todo el mundo caería en un caos. Así, las leyes que gobiernan nuestro universo, están entre los más confiables objetos de fe que tenemos.

El gran objeto de la fe no es el sol, sino el Hijo, porque "Jesucristo es el mismo ayer, y hoy, y por los siglos" (Hebreos 13:8). El hecho que Dios sea inmutable es lo que lo hace sumamente confiable (Números 23:19; Malaquías 3:6). Dios no cambia, así como tampoco su palabra: "Sécase la hierba, marchítase la flor; mas la palabra del Dios nuestro permanece para siempre" (Isaías 40:8). Y por esto, Dios es confiable y podemos depositar toda nuestra confianza en Él.

2. El nivel de fe que tengamos, dependerá de cuán bien conozcamos el objeto de la misma

Cuando la gente lucha con su fe en Dios, no es porque el objeto de la fe esté fallando o ésta sea insuficiente. Es porque no tienen un verdadero conocimiento de Dios ni de sus caminos. Es que esperan una respuesta concreta o esperan que Dios responda a sus oraciones de cierta forma, es decir, sus caminos, pero no los de Dios. Y cuando Él no responde en la forma que esperan, dicen: "Olvídate de Dios". El problema no es Dios, objeto perfecto de fe, sino que la fe en Él falla sólo cuando la gente tiene un conocimiento errado de Él.

Si queremos que nuestra fe en Dios crezca, debemos incrementar nuestro conocimiento de Él. Si nuestro conocimiento de Él y de su palabra es pequeño, tendremos muy poca fe. Pero, por el contrario, si le conocemos bien, a Él y su palabra, lograremos tener una fe incalculable. Tampoco podemos inflar nuestra fe halagándonos a nosotros mismos *¡si sólo pudiera creer, si sólo pudiera creer!*. Podemos creer, porque el acto de creer es una elección que todos hacemos en algún momento.

Todo intento por presionarse demasiado a uno mismo para conocer lo que es verdad acerca de Dios y sus caminos es ir desde la fe a la suposición. Decidimos creer en Dios por lo que conocemos de su verdad por medio de su palabra y la única forma de aumentar nuestra fe es conociéndolo aún más, ya que Él es el único objeto de la fe del creyente. Por esto Pablo escribe: "Así que la fe es por el oír, y el oír, por la palabra de Dios" (Romanos 10:17).

La única limitación que tiene nuestra fe, es el conocimiento que tengamos de Dios, que crece cada vez que leemos la Biblia, memorizamos un versículo bíblico, participamos en un estudio o meditación sobre la palabra. ¿Pueden ver cuán práctico y tangible puede ser el crecimiento de nuestra fe, así como nuestro esfuerzo por conocer a Dios por medio de su palabra? ¡Y esto es sólo por la naturaleza infinita de Dios! Dudo que exista un cristiano que viva con una fe potencial, basada sólo en lo que ya sabe que es verdad.

SI NUESTRO CONOCIMIENTO DE DIOS Y DE SU PALABRA ES PEQUEÑO, TENDREMOS MUY POCA FE.

Es necesario saber que Dios no tiene ninguna obligación ante la humanidad y que la oración no es para manipularlo ni controlarlo. Dios está bajo obligación sólo consigo mismo a permanecer leal a sus promesas y a su palabra. Tenemos una relación con Dios que está basada en la verdad, si Él afirma que algo es verdad, nosotros lo creemos y vivimos según la verdad. Si Dios no lo hace, ni siquiera toda la fe del mundo podrá. El hecho de creer, no hace que la palabra de Dios sea verdadera; su palabra es verdad, creamos o no.

Les daré un ejemplo de crecimiento de fe. Cuando mi hijo menor, Karl, apenas caminaba, lo puse de pie sobre una mesa y lo animé a que saltara a mis brazos. Él vaciló durante un momento, pero al final saltó. Luego lo volví a subir sobre la mesa, pero ahora un poquito más lejos, lo que hacía que el paso de fe fuera un poco más grande. Pasaron unos días, y lo subí a la rama de un árbol y le dije que saltara. Este era un gran salto de fe, lo hizo y cayó en mis brazos. A medida que él siga escalando el árbol de la vida, ¿seguiré siendo siempre el objeto fundamental de su fe? Hubo un tiempo en el que Karl pensaba que yo podía responder a toda pregunta y derrotar a cualquier enemigo.

Como padres, no tenemos sólo la obligación de guiarlos para que conozcan a nuestro Señor Jesucristo, también debemos ayudarlos a comprender su herencia e identidad espiritual. El objeto fundamental de la fe de nuestros niños cambia cuando llegan a ser hijos de Dios. Como padre, no puedo ir dondequiera que mi hijo vaya, pero Dios sí, y siempre lo hace.

3. Fe es una palabra que implica acción

Cuando animé a Karl a dar ese paso de fe, ¿sabía que yo lo iba a recibir en mis brazos? Sí, pero ¿cómo sé que él creía? Porque saltó. Supongamos que no hubiese saltado, que yo le preguntara: Karl, ¿crees que te voy a agarrar? Y él contestara "sí" pero, de todas formas, nunca hubiese saltado.

¿Realmente Karl creía que yo lo iba a recibir? Santiago dice: "Tú tienes fe, y yo tengo obras. Muéstrame tu fe sin tus obras, y yo te mostraré mi fe por mis obras" (Santiago 2:17,18). En otras palabras, si la gente cree de verdad, se verán afectadas en su caminar diario y su hablar. Si creemos en Dios y en su palabra, viviremos de acuerdo a ella. Es decir, todo lo que hacemos es, esencialmente, producto de lo que hemos elegido creer.

LA FE DISTORSIONADA

La fe sin obras es una distorsión. Pero la Nueva Era y los movimientos de confesión positiva, ofrecen otras dos distorsiones de lo que bíblicamente significa creer. La Nueva Era dice: "Si realmente lo creemos, llegará a ser verdad". O sea, si creemos en algo, esto se hace real y si no creemos se torna falso. Pero los cristianos decimos: "Es verdad, creamos o no creamos". Si una persona no cree en el infierno, no por el hecho de que ella no crea, va a bajar ni un grado la temperatura en ese lugar.

El movimiento de confesión positiva, tiene otro concepto de fe, el que es parcialmente verdadero. Toman las palabras de Jesús en Mateo 17:20 "Si tuviereis fe como un grano de mostaza, diréis a este monte; pásate de aquí allá, y se pasará, y nada os será imposible".

Este movimiento, correctamente señala que la montaña no se mueve hasta que se lo digamos, es decir, que ni la más pequeña fe podría funcionar hasta que la hiciéramos actuar, que es lo primordial del pasaje en Mateo 17. Pero el movimiento de confesión positiva resulta distorsionado cuando piensa que la montaña tiene que moverse simplemente porque lo decimos. La idea de la confesión positiva se acerca mucho al pensamiento de la Nueva Era, que nos indica que podemos crear realidades con nuestras propias mentes. Pero para hacer esto tendríamos que ser dioses y, exactamente es esto, lo que están enseñando.

Solamente existe un Creador y es el único que puede mandar que algo exista. "Para Dios todo es posible" (Mateo 19:26). Por nuestra parte podemos hacer cualquier cosa, pero sólo por medio de Cristo, que nos fortalece, aunque nunca hemos tenido el privilegio de determinar lo que queremos creer. La Nueva Era quiere que creamos que somos dioses y que actuemos pensando que lo somos. Pero lo que Dios quiere para sus hijos es que crean en Él y vivan correctamente.

Estas dos distorsiones surgen, generalmente, cuando la iglesia no vive según sus capacidades. Por esto mucha gente cree que la iglesia es una enfermería donde sólo va gente enferma. Nosotros solo logramos que el no creyente, ponga su esperanza en el rapto que vendrá pronto a librarnos de esta condición miserable. Pero no es así; la iglesia es una avanzada militar con órdenes de tomar por asalto las puertas del infiero. Todo creyente está activo y llamado a formar parte de La Gran Comisión (Mateo 28:19, 20).

Afortunadamente las iglesias cuentan con una enfermería que asiste al débil y al herido, pero ésta existe sólo para apoyo de la avanzada militar. Nuestro llamado real es llegar a ser agentes de cambio en el mundo, adoptar una postura, vivir por fe y satisfacer el propósito de por qué estamos aquí.

Creo que fue J. C. Penney quien dijo: "Si lo piensas, lo puedes y si lo piensas, no lo puedes. Cualquiera de los caminos es el correcto". El mundo entiende el problema de creencia o falta de creencia en hacer hincapié en un pensamiento positivo, lo que se refleja en el siguiente poema:

SI TÚ CREES, TÚ PUEDES

Si crees que no eres una persona valiente —no lo serás.
Si sientes que no te atreves —no lo harás.
Si quieres ganar, pero no crees que puedes,
Es casi seguro que no lo harás.
Si piensas que perderás —habrás perdido.
Porque en el mundo encontramos
Que el éxito empieza con la voluntad;
Todo se encuentra en el estado mental
Las batallas de la vida no siempre las gana
El hombre más fuerte o el más rápido;
Pero tarde o temprano el hombre que gane
Será el hombre que cree que puede.[1]

Considerando que el mundo ha sobrevivido sólo por sí mismo, ¿cuánto más podríamos hacer nosotros si creyéramos en Dios? La comunidad cristiana ha estado reacia a creer en lo del "pensamiento positivo" y tiene sus buenas razones, ya que no somos llamados a tener sólo pensamientos positivos, sino que debemos creer lo que es la verdad. Es Dios como objeto de la fe; el pensamiento no es más que una función mental que no puede sobrepasarse a sí misma ni a sus propios atributos. Incluso, si tratamos de llevar nuestra mente más allá de sus limitaciones sería como trasladarse del mundo real a uno de fantasía.

Sin embargo, el cristiano tiene mayores posibilidades de alcanzar el éxito en su vida con el poder de creer la verdad. El acto de creer, incorpora a la mente, pero no es limitado por ella. La fe en realidad sobrepasa las limitaciones de la mente e incorpora el mundo real invisible. La fe de los creyentes es tan válida como el objeto de esta, el que vive (Cristo) y lo que está escrito (la Biblia), la palabra de Dios. Si tenemos al infinito Dios del universo como objeto de nuestra fe cristiana, podremos ir dondequiera que Él nos lleve.

Una vez alguien dijo que el éxito venía en "puedos" y el fracaso en "no puedos" o sea que creer que podemos vivir una vida cristiana victoriosa no nos toma más esfuerzo que creer que no podemos.

Entonces, ¿por qué no creer que *podemos* ir por la fe en el poder del Espíritu Santo y que *podemos* resistirnos a las tentaciones del mundo, la carne y el diablo, y así crecer como cristianos? Sería nuestra elección. Los siguientes "puedos de éxito" tomados de la palabra de Dios, nos harán conocer más de nuestro objeto de fe, el todopoderoso Dios. Si construimos la fe, entendiendo estas verdades, seremos sacados de creer que no podemos y nos sentaremos con Dios en los lugares celestiales.

VEINTE "SÍ PUEDO"

1. *¿Por qué debería decir "no puedo" si la Biblia dice que todo lo puedo en Cristo que me fortalece? (Filipenses 4:13).*

2. *¿Por qué debería preocuparme por mis necesidades si sé que Dios se preocupará de ellas, según sus riquezas en gloria en Cristo Jesús? (Filipenses 4:19).*

3. *¿Por qué he de tener miedo cuando la Biblia dice que Dios no me ha dado espíritu de cobardía, sino de poder, de amor y de dominio propio? (2 Timoteo 1:7).*

4. *¿Por qué debería escasear mi fe al vivir en Cristo si Él me dio una medida de fe? (Romanos 12:3).*

5. *¿Por qué debería ser débil si la Biblia dice que el Señor es la fuerza de mi vida y que demostraremos fuerza y acción, porque conocemos a Dios? (Salmo 27:1; Daniel 11:32).*

6. *¿Por qué he de permitir que Satanás tenga la supremacía en mi vida cuando Él que está en mí es más poderoso que el que está en el mundo? (1 Juan 4:4).*

7. *¿Por qué debería aceptar el fracaso si la Biblia dice que Dios siempre me lleva en triunfo? (2 Corintios 2:14).*

8. *¿Por qué he de estar falto de sabiduría si sé que Cristo me la da abundantemente cuando se la pido? (1 Corintios 1:30; Santiago 1:5).*

9. *¿Por qué debería estar deprimido si puedo recapacitar en el amor, compasión, fidelidad y esperanza que Dios me dá? (Lamentaciones 3:21, 23).*

10. *¿Por qué debería preocuparme y estar ansioso si puedo echar mis ansiedades en Dios, quien tendrá cuidado de mí? (1 Pedro 5:7).*

11. *¿Por qué debería estar bajo esclavitud, sabiendo que hay libertad donde el Espíritu del Señor esté? (2 Corintios 3:17).*

12. *¿Por qué debería sentirme condenado cuando la Biblia dice que no hay condenación a los que están en Cristo Jesús? (Romanos 8:1).*

13. *¿Por qué debería sentirme solo si Jesús dice que siempre estará conmigo y nunca me dejará desamparado? (Mateo 28:20; Hebreos 13:5).*

14. *¿Por qué debería sentirme maldito si Cristo me rescató de la maldición de la ley y recibiré su Espíritu por fe? (Gálatas 3:13, 14).*

15. *¿Por qué debería estar triste si yo, como Pablo, puedo aprender a estar contento en cualquier situación? (Filipenses 4:11).*

16. *¿Por qué debería sentir que no valgo la pena si Cristo se hizo pecado por mí, para que yo fuese hecho justicia de Dios? (2 Corintios 5:21).*

17. ¿Por qué debería sentirme apocado frente a otros si sé que, si Dios es por mí, quién contra mí? (Romanos 8:31).

18. ¿Por qué debería estar confundido si Dios es autor de paz y me da conocimiento a través de su Espíritu que mora en mí? (1 Corintios 2:12; 14:33).

19. ¿Por qué debería creer que fallé si soy más que vencedor en Cristo, quien me ama? (Romanos 8:37).

20. ¿Por qué debería dejar que la angustia me embargue si tengo paz, sabiendo que Jesús venció al mundo y sus problemas? (Juan 16:33).

¿QUÉ PASA CUANDO TROPIEZO EN EL CAMINO DE LA FE?

¿Has pensado que Dios te va a abandonar porque, en vez de caminar por la fe, haz tropezado y caído? ¿Alguna vez has temido que exista un límite para la tolerancia de Dios, con relación a tus fracasos y que caminas en peligro y por la vera del camino? Muchos cristianos se dejan llevar por esa clase de pensamientos, creen que Dios se enoja con ellos, que está listo a abandonarlos y que va a desecharlos, porque su actuar es menos que perfecto.

Es cierto que el caminar por la fe puede ser interrumpido por momentos de duda, rebelión e incluso mentiras satánicas y, durante estos momentos, creemos que, seguramente, Dios perdió su paciencia y va a dejarnos. Probablemente, nos abandonaríamos a nosotros mismos si realmente pensáramos que Dios lo hace. Dejamos de caminar por la fe en Dios, caemos directamente a un lado del camino y nos preguntamos, *¿qué sucede?* Nos sentimos infortunados, nuestro propósito de estar aquí se suspende y Satanás queda satisfecho.

Dios nos ama así como somos

La primera verdad que necesitamos saber de Dios, para reforzar nuestra fe, es que Él nos ama y acepta en forma incondicional.

Cuando nuestro caminar en la fe es firme, Dios nos ama y cuando es débil, también nos ama. Cuando somos fuertes en un momento y luego débiles, Él nos ama. Porque su amor es eterno y constante, estará siempre entre nosotros y en nuestro diario caminar. Cuando Mandy me vino a ver, parecía ser una persona feliz. Era una cristiana muy activa en su iglesia. Logró que su padre alcohólico conociera a Cristo en su lecho de muerte. Era una mujer atractiva, tenía un buen marido y dos hijos maravillosos, pero a pesar de todo, Mandy ya había intentado suicidarse al menos tres veces.

—¿Cómo Dios puede amarme? —sollozaba—, si soy una fracasada, una porquería?

—Mandy, Dios te ama no porque lo merezcas; te ama porque esa es su naturaleza. Él simplemente te ama, porque Él es amor.

—Pero cuando actúo mal no siento que Él me ame —me dijo.

EN UN MUNDO TAN CAMBIANTE, EL AMOR DE DIOS HACIA TI, ES LA GRAN CONSTANTE ETERNA EN MEDIO DE LAS INCONSISTENCIAS DE TU ANDAR DIARIO.

—No confíes en esos sentimientos, Él ama a sus hijos siempre, actúen mal o bien. Ese es el corazón de Dios. Cuando las 99 ovejas están a salvo en el redil, el corazón del pastor está con la que se perdió. Cuando el hijo pródigo malgastó su vida y herencia, el corazón de su padre estaba con él y con amor le recibió nuevamente en el hogar. Estas parábolas muestran que el corazón de Dios está lleno de amor por nosotros, incluso si estamos perdidos.

—Pero Neil, he atentado contra mi propia vida, ¿cómo Dios podría pasar sobre eso?

—Mandy, supón que tu hijo está abatido y trata de suicidarse. ¿Lo amarías menos por eso? ¿Lo expulsarías de la familia? ¿Le darías la espalda?

—Por supuesto que no. A lo menos me preocuparía por él y le daría más amor.

—Entonces, ¿me estás diciendo que el perfecto Dios no es tan buen padre como tú, una persona imperfecta, lo eres con tus hijos?

Así Mandy comprendió la situación y comenzó a darse cuenta de que Dios, como un padre amoroso, ama y perdona a sus hijos.

Dios te ama, no importa lo que hagas

El Señor nos ama para bien, el apóstol Juan dice: "Os escribo esto para que no pequéis". Juan continúa y nos recuerda que Dios ya ha previsto nuestras caídas, así su amor continúa constante, a pesar de lo que hagamos: "Si alguno hubiere pecado, abogado tenemos para con el Padre, a Jesucristo el justo. Y él es la propiciación por nuestros pecados; y no solamente por los nuestro, sino también por los de todo el mundo" (1 Juan 2:1,2).

Sólo una razón tenemos para dudar del amor de Dios y es que tenemos un adversario que utiliza cada pequeña ofensa para acusarnos de ser buenos para nada. Pero nuestro abogado, Jesucristo, más poderoso que nuestro adversario, ya canceló la deuda por nuestros pecados pasados, presentes y futuros. Sin importar lo que hagamos o como caigamos, Dios aún nos ama, porque su amor no depende de su objeto; depende de su carácter. Porque nos ama, nos disciplina, para que "participemos de su santidad" (Hebreos 12:10).

Cuando mis hijos eran pequeños, la persona que los cuidaba les regaló un hámster a cada uno. El de Karl se llamaba Johnny, y el de Heidi, Patty.

Una noche llegué a casa de mi trabajo y mi esposa, Joanne, me esperaba en la puerta y me dijo en voz baja:

—Sería bueno que hablaras con Karl.

—¿Cuál es el problema?

—Creo que Karl mató a Johnny esta tarde.

Fui donde Karl y le pregunté tajantemente:

—¿Mataste a Johnny esta tarde?

—No —contestó seguro de sí.

—Sí, lo hizo, lo hizo —lo acusó Heidi, de la manera que solo una hermana mayor puede hacerlo. Ambos discutieron, pero Karl no reconoció el hecho.

Lamentablemente para Karl, había un testigo. Cuando le pregunté a la amiga de Heidi si había visto a Karl matar a su hámster, ella respondió afirmativamente.

Nuevamente confronté a Karl, pero esta vez le pegué en el trasero con uno de esos grandes bates de plástico, con el que hice mucho ruido, pero sin causarle daño al niño.

—Karl, haber matado a Johnny ya no es el problema. Pero tienes que ser honesto conmigo. ¿Lo hiciste?

—No

¡Le pegué con el bate!

—Karl, dime la verdad, ¿mataste al hámster?

—No

¡Le volví a pegar!

Sin importar cuánto gritara y amenazara, Karl nunca lo reconocería. Me sentía frustrado y, al final, desistí.

Algunos días después, Joanne, me llamó otra vez y me dijo:

—Mejor que hables con Karl.

—¿Qué pasa ahora?

—Johnny de verdad está muerto.

Encontré a Karl en el patio, de luto con su pequeño hámster, que estaba tendido sobre un trozo de tela. Ambos conversamos sobre la muerte y sobre morir, luego enterramos a Johnny y fuimos a la tienda de mascotas a comprar otro hámster.

Pensé que el incidente ya había pasado, pero al día siguiente, Joanne me esperó en la puerta nuevamente,

—¿Qué pasa ahora? —suspiré.

—Karl desenterró a Johnny.

Otra vez encontré a mi hijo en el patio, de luto sobre su tieso y lleno de tierra hámster, tendido sobre otro pedazo de tela.

—Karl, creo que el problema es que no le dimos a Johnny un funeral cristiano.

Entonces hice una pequeña cruz con dos trozos de madera y volvimos a hablar sobre la muerte. Enterramos el hámster y pusimos la cruz sobre la tumba. Al final le dije:

—Karl, creo que ahora necesitas orar.

—No, papá, ora tú.

—Karl, Johnny era tu hámster, creo que tú debes orar.

Finalmente, accedió y ésta fue su oración:

—Amado Jesús, ayúdame a no matar a mi nuevo hámster.

Yo no le pude sonsacar la verdad a mi hijo con el bate plástico, pero Dios sí lo hizo, trabajando en su corazón.

¿Por qué me mintió? Pensó que si confesaba haber matado al hámster yo no lo amaría más. Estaba dispuesto a mentir para conservar mi amor y respeto, los que creyó perder si admitía su mal proceder.

Bajé mis armas y le dije a mi pequeño Karl: —Hijo, quiero que sepas algo. Sin importar lo que hagas en tu vida, siempre voy a amarte. Puedes ser honesto y decirme la verdad, es posible que no apruebe todo lo que hagas, pero siempre te voy a amar.

Lo que dije ese día a Karl, fue tan sólo una pequeña reflexión sobre el amor que Dios nos tiene; Él nos dice: "Hijo, quiero que sepas algo. Sin importar lo que hagas en tu vida, siempre voy a amarte. Puedes ser honesto y decirme la verdad, es posible que no apruebe todo lo que hagas, pero siempre te voy a amar".

NOTA

1. Autor y fuente desconocidos.

Capítulo 7

No puedes vivir más allá de lo que crees

El camino de la fe se asemeja un poco a un juego de golf. Cuando Karl, mi hijo menor, tenía 10 años, le enseñé a jugar este deporte. Le regalé un pequeño equipo de palos para principiantes y lo llevé al campo conmigo. Karl golpeaba la bola y la lanzaba con un poderoso balanceo. Casi siempre hacía volar la pelota por todo el lugar, porque él no sólo podía llegar a 60 ó 70 yardas como mejor marca, su dirección podría estar fuera de los 15 grados o más y la bola aún seguía en la calle.

Cuando creció y adquirió su propio equipo de palos, Karl podía tirar la bola a 150 yardas y aún más lejos. La precisión es aún más importante para los que juegan golf, quienes pueden lanzar una pelota de golf hasta más de 250 yardas del punto de partida. Los mismos 15 grados de desviación que permitían al pequeño Karl dar cortos manejos y quedarse en calle lo enviaron a un manejo más largo, volando sin límites.

Nuestro caminar cristiano es el resultado directo de lo que creemos. Si no hay fe, tampoco habrá camino y si no hay camino, necesitaremos tener buena suerte con lo que creemos. Supongamos que nuestro caminar cristiano comenzó justo 15 grados fuera de nuestros años de adolescencia. Aún estaríamos en la calle de la vida, pero si seguimos viviendo en el mismo camino por muchos años, la vida puede tornarse un poco dura y nos podríamos encontrar fuera del límite. Esta es la crisis clásica de la edad madura. Creíamos entender bien lo que era el éxito, la realización personal y la satisfacción, pero ahora descubrimos que lo que pensábamos sobre la vida en realidad no era verdad. Si persistimos más tiempo en un sistema falso de creencia, nuestro caminar diario de fe será menos satisfactorio y productivo.

Caminar por la fe, simplemente significa que basamos nuestro diario vivir en lo que creemos; en realidad, cuando caminamos por la fe, no podemos *no* caminar por ella. La gente puede no vivir de acuerdo a lo que profesa, pero siempre vivirá de acuerdo a lo que cree. Si nuestro comportamiento no es el adecuado, necesitaremos corregir lo que creemos, porque el mal comportamiento es el resultado de lo que no creemos. El autor de Hebreos dice: "Acordaos de vuestros pastores, que os hablaron la palabra de Dios; considerad cuál haya sido el resultado de su conducta, e imitad su fe" (13:7).

Para entender mejor lo que creemos en este momento, tomémonos unos minutos para completar la siguiente Evaluación de la Fe. Sólo hay que evaluarse a uno mismo en cada una de las 8 categorías, encerrando en un círculo el número (del 1 al 5) que mejor representa nuestra realidad. El número 5 es el puntaje más alto.

Completa las 8 preguntas en la forma más consciente y veraz que te sea posible.

EVALUACIÓN DE LA FE

		Bajo				Alto
1.	¿Cuán exitoso soy?	1	2	3	4	5
	Sería más exitoso si...					
2.	¿Cuán importante soy?	1	2	3	4	5
	Sería más importante si...					
3.	¿Soy una persona realizada?	1	2	3	4	5
	Sería una persona realizada si...					
4.	¿Cuán satisfecho estoy conmigo mismo?	1	2	3	4	5
	Estaría más satisfecho si...					
5.	¿Cuán feliz soy?	1	2	3	4	5
	Sería más feliz si...					
6.	¿Cuánta diversión tengo?	1	2	3	4	5
	Tendría más diversión si...					
7.	¿Cuán seguro me siento?	1	2	3	4	5
	Me sentiría más seguro si...					
8.	¿Cuánta paz tengo?	1	2	3	4	5
	Tendría más paz si...					

Cualquier cosa que creamos que es la respuesta a "sería más exitoso si..." "sería más importante si..." etcétera, constituye nuestro actual sistema de creencia. En este momento caminamos por la fe según lo que creemos. Asumiendo que nuestras necesidades físicas (comida, abrigo, seguridad, etcétera) están satisfechas, seremos motivados a vivir con éxito, importancia, realización, satisfacción, felicidad, diversión y paz en nuestra vida.

Y eso está perfectamente bien, porque Dios no nos ha llamado a ser personas inseguras, insignificantes, no realizadas. Las elecciones hechas en la Evaluación de la Fe, pueden no tener la misma definición que Dios tiene para las ocho características de vida, en consecuencia, el andar por la fe no nos estaría dando los resultados esperados.

SENTIMIENTOS, LAS BANDERAS ROJAS DE ADVERTENCIA DE DIOS

Desde el nacimiento, hemos desarrollado en nuestras mentes medios para experimentar los ocho puntos anteriormente mencionados y, también para alcanzar otras metas en la vida. Consciente o inconscientemente, continuamos formulando y ajustando planes para alcanzar estos objetivos.

Algunas veces, nuestros bien intencionados planes y nobles metas, no están en completa armonía con el plan de Dios para nosotros. *¿Cómo puedo saber si lo que creo es lo correcto?* Puede ser que nos preguntemos, *¿deberé llegar a los 45 años y atravesar por la crisis de la edad madura, para descubrir que lo que yo creía no estaba bien?*

No lo creo, porque Dios nos ha diseñado de tal manera que podamos saber minuto a minuto si nuestro sistema de creencia sigue realmente la verdad de Dios. El Señor estableció un sistema de retroalimentación, diseñado para que prestemos atención y examinemos la validez de nuestras metas y creencias. Si experimentamos situaciones que nos dejan un sentimiento de ira, ansiedad y angustia, las señales emocionales nos alertan que estamos siguiendo una meta errada, basados en una creencia equivocada.

Ira, señal que obstruye nuestras metas

Cuando una situación o proyecto nos irrita, es, por lo general, que algo o alguien está obstruyendo nuestros planes. Algo o alguien nos impide conseguir lo que buscamos. ¿Cómo nos sentimos cuando un embotellamiento nos impide llegar a una importante reunión a tiempo?

Supongamos que una esposa y madre dice: "Mi meta en la vida es tener una familia cristiana llena de amor, armonía y felicidad" ¿Quién podría obstruir esta meta? Cada integrante de su familia podrá —no sólo *pueden*, sino que lo *harán*, ya que su meta se verá quebrantada y alterada cada vez que su esposo o hijos fallen en la imagen que ella tiene de una familia armoniosa. Entonces, ella podría transformarse en una mujer siempre airada y controladora, o sino, en una pobre víctima de las circunstancias de la vida. Cualquiera de estas dos opciones la alejarán de los demás integrantes de la familia.

Qué tal si un pastor dijera: "Mi meta es llevar a esta congregación hacia Cristo". Esta es una noble meta, un deseo maravilloso. Pero si siente que él sólo vale la pena si logra su meta y que así alcanzaría el éxito como pastor, todo estaría dependiendo de que alcance su objetivo. Entonces, terminaría experimentando una tremenda confusión emocional, ya que cada uno de los miembros de la congregación podría obstruir su meta. Los pastores que creen que su éxito depende de otros, terminarán discutiendo con su congregación, intentarán controlar a sus miembros, etcétera, al final, hasta podrían renunciar al cargo.

"Todo lo que no proviene de fe, es pecado" (Romanos 14:23). Así, un arrebato de furia debería hacer que nos examinásemos internamente, examinar lo que creemos y las metas mentales que nos hemos propuesto para lograr dichas creencias.

Mi hija Heidi me ayudó con esto. Un día domingo por la mañana, yo trataba que mi familia saliera de casa para dirigirnos a la iglesia, después de esperar durante varios minutos en el auto, volví a entrar y grité furioso: "¡Deberíamos habernos ido a la iglesia hace ya 15 minutos!" Hubo un gran silencio, luego la suave voz de Heidi flotó alrededor de la habitación, diciendo: "¿Qué pasa papá, estoy interrumpiendo tu meta?" Es esta la pregunta exacta que necesitamos oír antes de predicar.

Ansiedad, señal de una meta incierta

Cuando nos sentimos ansiosos con relación a algo o alguien, posiblemente quiere decir que estamos abrigando una meta incierta. Esperamos que algo pase, pero no tenemos garantía de que esto suceda, ya que podemos controlar sólo algunos factores de la situación, pero no la totalidad de ellos.

Por ejemplo, una joven cree que su felicidad en el colegio depende de que sus padres le permitan asistir a la escuela de danza. Sin saber la respuesta de ellos, la joven estará ansiosa. Si la respuesta es negativa, se sentirá enojada, porque su meta fue obstruida. Y si en el fondo, ella sabe que no le darán permiso, se sentirá frustrada por no lograr su meta.

Depresión, señal de una meta imposible

Cuando basamos nuestro futuro éxito en algo que nunca sucederá, tendremos una meta imposible y sin esperanza. La depresión indica que nunca alcanzaremos nuestra meta, sin importar cuán espiritual o noble sea. Podríamos estar deprimidos a raíz de una causa física, pero si la causa no existe, la depresión estará arraigada en un sentimiento de desesperanza y desamparo.

Me encontraba en una conferencia en una iglesia, hablando acerca de la depresión, cuando al terminar, una mujer nos invitó a mi esposa y mí a a cenar en su casa con su familia. Ella era cristiana desde hacía 20 años, pero su marido no lo era y, al llegar a la casa, me di cuenta que la mujer me había invitado por una razón premeditada: ganar a su marido para Cristo.

También descubrí que ella sufría de una profunda depresión desde hacía muchos años y su doctor insistía en decir que era endógena [interna] y ella estaba firmemente de acuerdo. Yo creía, sin embargo, que su enfermedad radicaba en que ella abrigaba una meta imposible. Durante 20 años, ella había basado su éxito como cristiana en ganar a su esposo y a sus hijos para Cristo. Oraba por ellos, les daba testimonio e invitaba a predicadores a cenar en su casa. Ya lo había dicho y hecho todo, pero no obtenía ningún resultado. Por lo vano de sus esfuerzos, su fe decayó y su esperanza se debilitó, y se fortaleció su depresión.

Disfrutamos de una agradable cena y sostuve una interesante conversación con su esposo, un hombre correcto que proveía a la familia con todo lo necesario para satisfacer sus necesidades físicas. Él, simplemente, no veía la necesidad de Dios en su vida. Por mi parte, le di mi testimonio y traté de ser un positivo ejemplo de cristiano. La última vez que vi a su esposa, ella se aferraba a la última y pequeña esperanza que le iba quedando.

Su depresión había afectado su actitud en el hogar, y su testimonio hacia el marido sólo se debilitaba. Más tarde, todo esto se tradujo en la eliminación de su meta.

Por supuesto que desearíamos que la gente que amamos estuviera en Cristo y oramos y trabajamos con ese fin. Pero si basamos la validez de una amistad, el hecho de ser padres o de ser hijos, en la salvación de los que amamos, debemos darnos cuenta que esta meta puede ir más allá de nuestras habilidades o de nuestro derecho a controlar a los demás.

LA DEPRESIÓN ES UNA SEÑAL DE QUE ESTAMOS LUCHANDO, EN FORMA DESESPERADA, POR UNA META IMPOSIBLE O CASI IMPOSIBLE DE ALCANZAR Y, ESA NO ES UNA META SALUDABLE.

Dar testimonio es compartir nuestra fe en el poder del Espíritu Santo, luego debemos dejar el resultado final a Dios, porque nosotros mismos no podemos salvar a nadie. Generalmente, la depresión es una señal de que estamos luchando, en forma desesperada, por una meta imposible o casi imposible de alcanzar y, esa no es una meta saludable.

Otras veces, la depresión se debe a un falso conocimiento de Dios.

David escribe: "¿Hasta cuándo Jehová? ¿Me olvidarás para siempre? ¿Hasta cuándo esconderás tu rostro de mí? ... ¿Hasta cuándo será enaltecido mi enemigo sobre mí? (Salmo 13:1, 2). ¿Era verdad que Dios se había olvidado de David? En realidad, ¿se estaba escondiendo de él? Por supuesto que no, David tenía un mal concepto de Dios al pensar que lo había abandonado a sus enemigos. Debido a este mal concepto, abrigaba una meta imposible: la victoria sobre sus enemigos sin la ayuda de Dios. ¡Era natural que se sintiera deprimido!

Lo asombroso de la situación de David es que no quedó deprimido. Evaluó su estado y se dio cuenta: que, soy hijo de Dios y me voy a centrar en lo que conozco de Él y no en mis sentimientos negativos. Luego, en lo más profundo de su depresión, escribe: "Mas yo en tu misericordia he confiado; mi corazón se alegrará en tu salvación" (Salmo 13:5). Entonces, decidió expresar su meta en forma positiva: "Cantaré a Jehová, porque me ha hecho bien" (v. 6). David cambió por completo su depresión y falso concepto, y así volvió a la verdadera fuente de su esperanza.

Con Dios todo es posible, es el Dios de toda esperanza, debemos volvernos a Él cuando nos sintamos mal, como David lo hizo: "¿Por qué te abates, oh alma mía, y por qué te turbas dentro de mí? Espera en Dios; porque aún he de alabarle, Salvación mía y Dios mío" (Salmo 43:5).

Respuestas equivocadas para lo que bloquea nuestras metas

Si nuestras metas pueden ser bloqueadas o inciertas, ¿cómo respondemos ante algo o alguien que amenaza nuestro éxito? Podemos tratar de controlar o manipular a la gente o las situaciones que están entre nosotros y nuestras metas.

Por ejemplo, el objetivo de un pastor es tener un ministro para la juventud en su congregación y un miembro trata de obstruir esta meta, argumentando que sería más importante tener un ministerio musical.

Cada paso que el pastor dé para tratar de contratar a un pastor para la juventud, es vedado por el miembro influyente, quien prefiere contratar un director de música primero. Están en juego la autoestima y el éxito del pastor, entonces trata de sacar del camino la obstrucción y ejerce presión sobre otros miembros, solicita el apoyo de los líderes, predica sobre la importancia de un ministerio juvenil, intenta ganar el apoyo de la congregación, busca métodos para hacer cambiar de opinión a su opositor, o de quitarlo del comité directivo. Todo esto lo hace porque está convencido de que el éxito en su ministerio depende de alcanzar la meta de contar con un ministro para la juventud.

Supongamos que una madre cree que el valor de ella misma depende de cuán bien se comporten sus hijos. Su meta es criar a pequeños cristianos que llegarán a ser doctores y abogados. Pero cuando sus hijos llegan a los 10 años y comienzan a expresar su independencia, su comportamiento no siempre va de acuerdo al ideal de su madre. Ella va directamente a un choque entre ellos mismos, porque los hijos quieren su libertad y ella quiere controlarlos. Ella debe controlar el comportamiento de los niños, porque cree que su éxito como madre depende de ello. Si no hacen lo que ella manda, no pueden salir a ninguna parte, si no escuchan la música que ella quiere que escuchen, perderán el privilegio de contar con una radio y un televisor. La madre nunca escuchó que la paternidad es un proceso de dejar ir a los 18 años y que el fruto del espíritu es dominio propio, no el dominio de los hijos.

No es difícil comprender porqué la gente quiere controlar a los demás. Creen que su valor depende de los demás o de ciertas circunstancias. Este es un pensamiento equivocado, que se refleja en el hecho que las personas más inseguras son las que siempre quieren controlar y manipular.

Las personas que no pueden controlar a los que frustran sus metas, probablemente, terminarán enojadas, resentidas y amargadas. O también, pueden resultar con un complejo de mártir, como el que presencié en la esposa del hombre que no quería recibir a Cristo. Ella no había tenido éxito en llevarlo al Reino de Dios, y su fe y esperanza se marchitaron, hasta terminar en depresión. Entonces, se resignó a llevar su cruz de una meta imposible y a aguantar hasta el arrebatamiento. A menos que ajuste sus metas, vivirá el resto de su vida bajo una amarga depresión.

¿CÓMO PUEDO CONVERTIR MIS METAS EQUIVOCADAS EN METAS CORRECTAS?

Formularé una pregunta de fe: si Dios quiere que hagamos algo, ¿podríamos hacerlo? Si Dios tiene una meta para nuestras vidas, esta meta ¿podría ser bloqueada, incierta o imposible?

En lo personal, creo que ninguna meta que Dios tenga para mi vida es imposible o incierta ni tampoco podría ser obstruida. No puedo imaginar a Dios diciendo: "Te llamé a existencia, te hice mi hijo y tengo algo para que hagas. Sé que no podrás hacerlo, pero haz el mejor intento" ¡Eso es ridículo! Sería como decirle a un hijo: "Quiero que cortes el césped, pero, desafortunadamente, el césped está cubierto de piedras, la cortadora no funciona y no tiene combustible. Pero haz tu mejor intento" Cuando una figura autoritaria dicta una orden que no puede ser obedecida, la autoridad de este líder, se desgasta en la mente del subordinado.

Dios tenía una asombrosa meta para una joven mujer llamada María. Un ángel le dijo que, aún virgen, daría a luz a un hijo y que éste niño sería el Salvador del mundo. Cuando ella preguntó que cómo podría ser posible todo esto, el ángel respondió "porque nada hay imposible para Dios" (Lucas 1:37).

No deberíamos asignar a nuestros hijos tareas que no puedan cumplir, así como Dios tampoco tiene metas que no podamos lograr. Sus metas son ciertas y alcanzables. Debemos entender los planes que Dios nos tiene y, luego decir con María: "He aquí la sierva del Señor; hágase conmigo conforme a su palabra" (v. 38).

Metas versus deseos

Para vivir con éxito, debemos saber distinguir entre una meta piadosa y un deseo piadoso, ya que esto podría significar la diferencia entre éxito y fracaso, paz interior o angustia interior para un cristiano.

Una meta piadosa es una tendencia específica que refleja el propósito de Dios para tu vida, la que no depende de otras personas, circunstancias o más allá de tu capacidad o derecho de control. ¿A quién tienes el talento y el derecho de controlar? En la práctica a nadie, excepto a ti mismo. La única persona que puede obstruir una meta piadosa, hacerla incierta o imposible, eres tú mismo. Pero si adoptas la actitud de cooperación ante la meta de Dios, como hizo María, podrás alcanzar fácilmente dicha meta.

Un deseo piadoso es el resultado específico que depende de la cooperación de otras personas, el éxito de hechos o circunstancias favorables que no tienes el derecho ni la capacidad de controlar.

No puedes basar tu autoestima o éxito en lo que deseas, no importa cuán nobles sean tus deseos, ya que no puedes controlar su realización. Algunos de nuestros deseos serán bloqueados, quedarán en la incertidumbre o serán imposibles. Debemos encararlo, la vida no siempre va por el camino que queremos y, algunos de nuestros deseos jamás los veremos cumplidos.

Lucharemos contra la ira, la ansiedad y la depresión cuando abriguemos un deseo que queremos que sea meta en nuestras mentes. Cuando un deseo no se cumple, sólo nos sentimos decepcionados. La vida está llena de decepciones y todos debemos aprender a vivir con ellas. Pero de todas maneras, tratar con la desazón de un deseo no cumplido es mucho más fácil, que lidiar con la ansiedad, la ira y la depresión de metas basadas en creencias equivocadas.

¿Dios hace alguna diferencia entre meta y deseo? Yo creo que sí: "Porque no quiero la muerte del que muere, dice Jehová el Señor; convertíos, pues, y viviréis" (Ezequiel 18:32). El deseo de Dios es que todos se arrepientan y vivan, pero no todos lo harán.

Juan escribe: "Hijitos míos, estas cosas os escribo para que no pequéis" (1 Juan 2:1). Ciertamente, la integridad, soberanía y éxito de Dios no dependen de si pecamos o no. Dios no tiene metas obstruidas. Su *deseo* es que todos nos arrepintamos, pero no todos podrán.

Entonces, ¿Dios tiene alguna meta genuina —de resultados específicos que no puedan ser bloqueados? ¡Alabado sea Dios, *sí*! Por ejemplo, Jesucristo volverá a llevarnos a nuestro hogar en el cielo, con Él para siempre —eso sucederá, Satanás será arrojado al abismo por toda la eternidad— podemos contar con ello, las recompensas serán distribuidas a los santos por su lealtad —sólo esperemos. Estos no son deseos que puedan ser desbaratados por la inconstante naturaleza de una humanidad caída. Lo que Dios resuelve hacer, lo hará.

Cuando alineamos nuestras metas con las metas de Dios y nuestros deseos con los de Dios, ahorraremos en nuestra vida varios momentos de ira, ansiedad y depresión. La dueña de casa que quiera tener una familia feliz y armoniosa, expresa un deseo piadoso, pero no puede tener garantía de que esto suceda. Su meta es llegar a ser la esposa y madre que Dios quiere que sea, y la única que puede obstaculizar esta meta para su vida, es ella misma.

Ella podría objetar: "¿Pero y si mi marido llega a la crisis de la edad madura o mis hijos se rebelan?" Esta clase de problemas no afectan la meta de ser la esposa y madre que Dios la llamó a ser. Estos problemas, de seguro, que van a poner a prueba su fe. Las dificultades deberían animarla más en su cometido. Si su esposo necesitara alguna vez una esposa piadosa; si sus hijos una madre piadosa, es en tiempos de dificultades. Los problemas de la familia, refinan su meta de llegar a ser la mujer que Dios quiere que ella sea.

El pastor que basa su éxito y autoestima en la meta de ganar a su congregación para Cristo, teniendo al mejor ministro de la juventud o aumentando el presupuesto para misiones en un cincuenta por ciento, va directamente hacia un abismo. Estos son deseos valiosos, pero no se puede adjudicar a sí mismo un éxito o un fracaso, basado en si logra o no su objetivo. La meta de ser pastor debe ser: Llegar a ser el pastor que Dios le llama a ser; así ningún miembro de la congregación podrá obstruir esta meta.

LA META ES LLEGAR A SER LO QUE DIOS TE LLAMA A SER

Ya debería ser obvio que el objetivo básico de Dios para tu vida, tiene el siguiente desarrollo: llegar a ser lo que Dios quiere que seas. La santificación es la meta de Dios para tu vida (1 Tesalonicenses 4:3). Nada ni nadie en este planeta Tierra puede alejarte de lo que Dios te llama a ser. Ciertamente, una gran cantidad de distracciones, diversiones, frustraciones, tribulaciones, tentaciones y traumas, llegan a nuestra vida a interrumpir el proceso. Todos los días tendrás lucha contra el mundo, la carne y el diablo; los que se oponen a tu éxito de ser una persona de Dios.

Pablo nos enseña que los problemas que enfrentamos significan un logro en nuestra meta suprema de madurez: "Y no sólo esto, sino que también nos gloriamos en las tribulaciones, sabiendo que la tribulación produce paciencia; y la paciencia, prueba; y la prueba, esperanza; y la esperanza no avergüenza; porque el amor de Dios ha sido derramado en nuestros corazones por el Espíritu Santo que nos fue dado" (Romanos 5:3,5).

Santiago nos dice algo similar: "Hermanos míos, tened por sumo gozo cuando os halléis en diversas pruebas, sabiendo que la prueba de vuestra fe produce paciencia. Mas tenga la paciencia su obra completa, para que seáis perfectos y cabales, sin que os falte cosa alguna" (Santiago 1:2, 4).

La palabra "gloriarse" significa un aumento de la alegría, y estar en tribulación es estar bajo presión. El resultado de la paciencia, a través de la tribulación, es prueba, que es la meta de Dios para nosotros.

Supongamos que una esposa cristiana pide ayuda porque su marido la abandonó. ¿Qué clase de esperanza le darías? ¿Podrías decir: "No te preocupes, lo traeremos de vuelta"? Este puede ser un deseo legítimo, pero es la meta incorrecta, que nos llevaría a controlar y a manipular. Manipularlo para traerlo de vuelta sería controlar su comportamiento, y esto podría haber sido la causa de su primera partida.

Sería mejor decir: "Te ayudaremos a soportar el problema (paciencia) para que así llegues a ser la persona que Dios quiere que seas (prueba de carácter). Si no has sido la esposa y madre que Dios te llamó a ser, ¿lo serás ahora? Porque no puedes hacer cambiar a tu esposo, pero tú sí puedes cambiar, y esta es la mejor manera de traerlo de vuelta. Incluso, si no vuelve, pasarás por esta crisis con un carácter de prueba y es ahí donde descansa tu esperanza".

LOS PROBLEMAS Y TRIBULACIONES NOS REVELAN UNA META EQUIVOCADA, PERO TAMBIÉN PODRÍAN SER EL CATALIZADOR PARA ALCANZAR LA META DE DIOS PARA NUESTRA VIDA, QUE ES NUESTRA SANTIFICACIÓN.

Con toda razón, ella podría preguntar: "¿Qué pasa si el 90% de culpabilidad es de él?" En este caso, ella no tendría ningún control, pero al comprometerse a cambiar, es *ella* quien puede controlar la situación y su transformación debe ser la motivación para que su esposo tenga para cambiar él mismo y, así restaurar la relación.

Los problemas y tribulaciones nos revelan una meta equivocada, pero también podrían ser el catalizador para alcanzar la meta de Dios para nuestra vida, que es nuestra santificación —el proceso de llegar a ser conforme a su imagen. Durante los tiempos de presión, nuestras emociones elevan sus banderas de alerta, señalando obstrucción, incertidumbre o imposibilidad en nuestras metas, basadas en nuestros propios deseos, en vez de basarse en las metas del carácter probado de Dios.

Alguien podría decir: "Mi matrimonio no tiene solución" y luego "resolver" el problema, cambiando de pareja. Si creemos que nuestro primer matrimonio no tiene esperanza, estemos alerta, porque el segundo tiene más probabilidades de fracasar que el primero.

Otros creen que en sus trabajos o iglesias tienen demasiados problemas, entonces cambian de trabajo o de iglesia, sólo para descubrir que en el nuevo lugar tampoco hay esperanzas. Deberían haberse quedado, enfrentarlo y crecer. Obvio que hay momentos válidos para cambiar de trabajo o de iglesia, pero si sólo corremos de un lado a otro, lo único que hacemos es escapar de nuestra propia inmadurez, pero ésta nos seguirá dondequiera que vayamos.

¿Existe alguna manera más fácil de ser un hombre de Dios, sin pasar por una tribulación duradera? Créanme: He buscado aunque sea una. Debo ser honesto y decir que han sido los momentos oscuros y difíciles los que me han llevado hasta donde estoy ahora. A veces necesitamos una experiencia cumbre, pero la tierra fértil de crecimiento está siempre en el valle de la tribulación, no en las cimas.

Pablo dice: "Pues el propósito de este mandamiento es el amor" (1 Timoteo 1:5). Noten que si hacemos de esto nuestra vida, el fruto del Espíritu es amor, felicidad (en vez de depresión), paz (en vez de cólera). El siguiente poema de autor desconocido, expresa muy bien el mensaje de este capítulo:

"Decepciones —Sus opciones",
Cambio unas letras, entonces veo
Que la frustración de mi propósito
es la mejor elección de Dios para mí.
Su designio debe ser bendición,

Aunque disfrazadas puedan venir,
Hasta el fin y desde el principio
Se haya abierto a su sabiduría.

"Decepciones —Sus opciones",
Él no retendrá ningún bien,
Desde rechazos que solemos recoger,
Tesoros de su inefable amor.
Bien sabe que cada propósito frustrado
Lleva a una confianza más profunda, más plena,
Y que el final del proceso
Vemos que nuestro Dios es sabio y justo.

"Decepciones —Sus opciones"
Señor, tómame, así, tal cual,
Como barro en manos de alfarero
Completamente rendido a tu toque.
El plan de mi vida tú moldeas
No hay una sola decisión mía;
Permíteme responder, sin lamento:
"Padre, no mi voluntad, sino la tuya".

Capítulo 8

Directrices divinas para andar en la fe

Hace algunos años una iglesia me invitó para hablar en su retiro el fin de semana después del Día de las Madres. Un mes antes de la fecha, el pastor me llamó para decir que el centro de conferencias había sido reservado por equivocación para dos eventos, de modo que había que adelantar el retiro una semana. Me preguntó si aún podría estar allá viernes, sábado y domingo del fin de semana del Día de las Madres.

Estaba por no contraer compromiso alguno que me alejara de mi familia el Día de las Madres, pero Joanne, mi esposa, oyó la conversación y me sugirió que fuera al retiro. Le dije que no quería estar fuera un día tan especial, pero ella insistió. Así que fui.

Durante un receso en el retiro, visité el puesto de obsequios en el patio y tuve la idea maravillosa para compensar el no haber estado con mi familia el Día de las Madres. Uno de los artículos era un hermoso canastito que contenía un preparado para hacer pan de dulce y un jarro con jalea de manzana. Pensé en levantarme temprano el lunes, y preparar un delicioso desayuno, estilo banquete, para Joanne, Heidi y Karl —completo, con huevos, salchichas y pan de dulce.

El lunes en la mañana me levanté con las gallinas, hice mi devocional y comencé a preparar el desayuno. Estaba batiendo el preparado para hacer los panecillos, cantando y feliz cuando Karl entró en la cocina con sus ojos soñolientos. Tomó una caja de cereal y un plato vacío y se dirigió a la mesa.

—Eh, Karl, ¡un momento! Esta mañana no comeremos cereal. Vamos a sentarnos todos juntos a la mesa y vamos a tener un delicioso desayuno con pan de dulce.

—No me gusta el pan dulce, papá —murmuró, mientras abría la caja de cereal.

—Espera, Karl —insistí, comenzando a enojarme—. Nos vamos a sentar todos juntos a la mesa para tener un delicioso desayuno con panes.

—Pero, no me gustan los panes, papá —repitió mientras se disponía a echar cereal en el plato.

Perdí la paciencia.

—Karl, vamos a sentarnos todos juntos a la mesa y vamos a tener un delicioso desayuno con pan de dulce —rugí. Karl cerró la caja de cereal, la tiró dentro del estante y volvió pisando con todas sus fuerzas hacia su cuarto. ¡El niño había frustrado mi meta!

Cuando caí en cuenta de lo que había hecho, fui al cuarto de Karl y le dije:

—Lo siento, hijo, puedes comer cereal.

—No me gusta el cereal —dijo.

Como en mi caso, estoy seguro que has sufrido con frustraciones en tus objetivos, como decíamos en el capítulo anterior. Tenías el gran plan de hacer algo maravilloso para Dios, para tu iglesia, para tu familia o para un amigo. Entonces tu plan se desbarata por los agobiantes sucesos cotidianos sobre los cuales no tienes control. Un choque múltiple te impide llegar a tiempo al trabajo. Tu marido llega tarde a la cena especial que preparaste. Tu hijo prefiere ser el guitarrista principal de una banda de rock en lugar de ser médico, como habías planeado. No lograste llegar a la reunión de la junta.

Cuando basas tu sensación de dignidad en el éxito de tus planes personales, tu vida será un largo viaje emocional en una montaña rusa. La única manera de salirse de la montaña rusa es andar por la fe, conforme a la verdad de la Palabra de Dios.

LAS DIRECTRICES ADECUADAS LLEVAN A UN ANDAR CORRECTO

En lo que al diablo respecta, lo mejor para mantenerte encadenado en las tinieblas espirituales o de hacer que vivas como en un naufragio emocional es confundir tu sistema de creencias. Él te perdió en el sentido eterno cuando llegaste a ser hijo de Dios. Sin embargo, si él puede enlodar tu mente y debilitar tu fe con verdades parciales, puede neutralizar tu efectividad para Dios y frustrar tu crecimiento como cristiano.

Ya hemos determinado que Dios quiere que tengas éxito, te sientas realizado y feliz. Es imperativo, para tu madurez espiritual, que tu creencia acerca del éxito, la significación, el cumplimiento, la satisfacción, la felicidad, la diversión, la seguridad y la paz estén ancladas en las Escrituras.

En este capítulo quiero repasar cada una de estas áreas desde el fundamento de la Palabra de Dios. Compara estas ocho descripciones con las ocho afirmaciones que escribiste en la Evaluación de la Fe en el capítulo anterior. Estas descripciones pueden ayudarte a realizar algunos ajustes vitales que te llevarán de regreso al buen camino.

1. Éxito. Concepto clave: Metas

Hace algunos años una joven vino desde la costa este a Los Ángeles para una sesión de consejería de todo un sábado. Dijo que tenía profundos problemas espirituales. Los tenía, y me sorprendió que el avión hubiese permanecido en el aire con ella dentro. Oía voces demoníacas y estaba infestada de problemas.

Mattie me citó 3 Juan 2. "Amado, yo deseo que tú seas prosperado en todas las cosas y que tengas salud".

—Si Dios me ha prometido prosperidad, éxito y buena salud, ¿por qué mi vida está toda estropeada? —se quejó.

—Hay algo más en ese versículo —le dije—. Termine de leerlo.

—"Así como prospera tu alma" —continuó.

Le pregunté intencionadamente: —¿Cómo está su alma?

Entonces Mattie me contó su triste historia. Se había sometido a tres abortos como resultado de aventuras sexuales ilícitas, varias veces se apartó de las drogas y ahora vivía con un hombre fuera del matrimonio. Sentí ganas de decirle: "Creo que el versículo esta en acción".

El éxito se relaciona con las metas. Si tienes baja opinión de tus posibilidades de éxito, probablemente tengas dificultad para alcanzar tus metas en la vida. Si no las alcanzas probablemente sea porque has elaborado metas equivocadas.

Un buen resumen de las metas de Dios para nosotros se encuentra en 2 Pedro 1:3-10:

> *Como todas las cosas que pertenecen a la vida y a la piedad nos han sido dadas por su divino poder, mediante el conocimiento de aquel que nos llamó por su gloria y excelencia, por medio de las cuales nos ha dado preciosas y grandísimas promesas, para que por ellas llegaseis a ser participantes de la naturaleza divina, habiendo huido de la corrupción que hay en el mundo a causa de la concupiscencia; vosotros también, poniendo toda diligencia por esto mismo, añadid a vuestra fe virtud; a la virtud, conocimiento; al conocimiento, dominio propio; al dominio propio, paciencia; a la paciencia, piedad; a la piedad, afecto fraternal; y al afecto fraternal, amor. Porque si estas cosas están en vosotros, y abundan, no os dejarán estar ociosos ni sin fruto en cuanto*

al conocimiento de nuestro Señor Jesucristo. Pero el que no tiene estas cosas tiene la vista muy corta; es ciego, habiendo olvidado la purificación de sus antiguos pecados. Por lo cual, hermanos, tanto más procurad hacer firme vuestra vocación y elección; porque haciendo estas cosas, no caeréis jamás.

Nota que la meta de Dios empieza con lo que eres según la base de lo que Dios ya ha hecho por ti. Te ha dado "vida y piedad"; la justificación ya ha ocurrido y ha comenzado la santificación. Ya eres partícipe de la naturaleza divina, habiendo escapado (pasado) de la corrupción del pecado. ¡Qué gran comienzo!

Tu primera tarea es adoptar diligentemente las metas de Dios —la excelencia moral, el conocimiento, el dominio propio, la perseverancia, la piedad, el amor fraternal y el amor cristiano— y aplicarlas en tu vida. Con el enfoque de las metas de Dios, alcanzarás el éxito: éxito según las condiciones de Dios. Pedro promete que estas cualidades crecerán en tu vida, que serás útil y fructífero, y que nunca tropezarás. Esta es una base legítima para un verdadero sentido de valor y éxito y nadie podrá evitar que lo logres.

Nótese que en esta lista no hay mención de talentos, inteligencia ni dones que no estén distribuidos por igual a todos los creyentes. Tu identidad y sentido de valor no determinan estas cualidades. El sentido de tu valor se basa en tu identidad en Cristo y tu crecimiento en carácter, los cuales están igualmente disponibles para todos los cristianos. Cristianos como Mattie, que no se comprometen con las metas divinas para su carácter, son tristes historias de fracaso. Según Pedro, han olvidado la purificación de sus antiguos pecados. Olvidan lo que son en Cristo.

Otra perspectiva de éxito se ve en la experiencia de Josué cuando dirige la entrada de Israel a la tierra prometida. Dios le dijo:

Solamente esfuérzate y sé valiente, para cuidar de hacer conforme a toda la ley que mi siervo Moisés te mandó; no te apartes de ella ni a diestra ni a siniestra, para que seas prosperado en todas las cosas que emprendas. Nunca se apartará de tu boca este libro de la ley, sino que de día y de noche meditarás en él, para que guardes y hagas conforme a todo lo que en él está escrito; porque entonces harás prosperar tu camino, y todo te saldrá bien.

Josué 1:7, 8

¿Dependía el éxito de Josué de otras personas o de circunstancias favorables? De ninguna manera. El éxito dependía completamente de vivir en conformidad con la palabra de Dios. Si Josué creía lo que Dios había dicho y hacía lo que Dios le había dicho que hiciera, tendría éxito. Suena como si fuera bastante sencillo, pero Dios inmediatamente puso una prueba a Josué dándole un plan de batalla bastante extraño para la conquista de Jericó. Marchar por siete días alrededor de una ciudad y luego hacer sonar el cuerno, no era precisamente una táctica militarmente aprobada en los días de Josué.

El éxito de Josué estaba condicionado en la obediencia a Dios sin importar lo necio que pareciera su plan. Como lo registra Josué 6, su éxito nada tenía que ver con las circunstancias de la batalla y tenía una importancia absoluta su obediencia. El éxito es aceptar la meta de Dios para nuestra vida y por su gracia llegar a ser aquello para lo cual nos ha llamado.

2. Significación. Concepto clave: Tiempo

La significación es un concepto que tiene que ver con el tiempo. Lo que se olvida en el tiempo tiene poca significación. Lo que se recuerda hasta la eternidad es de gran importancia. Pablo escribe a los corintios: "si permaneciere la obra de alguno… recibirá recompensa" (1 Corintios 3:14). A Timoteo le manda: "Ejercítate para la piedad… pues tiene promesa de esta vida presente y de la venidera" (1 Timoteo 4:7, 8). Si quieres aumentar tu importancia, concentra tus energías en actividades importantes: las que permanecerán para la eternidad.

Stu, pastor de una pequeña iglesia asistía a una de mis clases en la Escuela Talbot de Teología. Tenía unos 35 años, estaba casado y se descubrió que tenía cáncer. Los doctores le dieron poco menos de dos años de vida.

Un día vino a verme.

—Hace diez años alguien profetizó acerca de mí en la iglesia —comenzó a decir—. Dijeron que iba a hacer una gran obra para Dios. He llevado unos pocos centenares de personas a Cristo, pero todavía no he hecho una gran obra para Dios. ¿Piensa que Dios me va a sanar para que se cumpla la profecía?

SI QUIERES AUMENTAR TU IMPORTANCIA CONCENTRA TUS ENERGÍAS EN ACTIVIDADES IMPORTANTES: LAS QUE PERMANECERÁN PARA LA ETERNIDAD

No pude menos que sentirme sorprendido por esta declaración y le dije:

—¿Has llevado unos pocos centenares de personas a Cristo y piensas que no has hecho una gran obra para Dios aún? Stu, conozco pastores muy importantes en iglesias grandes que no pueden decir lo mismo. Conozco a grandes teólogos que han llevado a pocas personas al Señor. Si unos pocos centenares de personas hoy son creyentes debido a tu trabajo, y ellos tienen influencia quién sabe sobre cuántas otras personas, eso lo llamaría yo una gran obra para Dios.

Ahora Stu está con el Señor, habiendo completado su importante ministerio de llevar a cientos de personas a Cristo.

Uno de los pocos héroes de mi vida es Billy Graham. Ha sido atacado verbalmente a diestro y siniestro, pero ha permanecido fiel a su llamamiento a predicar el evangelio. Hace varios años un día lo vi caminando por el vestíbulo del Century Plaza Hotel de

Los Ángeles. Nunca lo había visto en persona y no podía dejar pasar esta oportunidad. Lo alcancé y le dije:

—Yo quería conocerle, doctor Graham, aun cuando soy sólo un modesto pastor.

Me devolvió cordialmente el saludo, y luego me dejó de una pieza diciendo:

—No existen los pastores modestos.

Tenía razón. No hay tal cosa como un modesto pastor ni un modesto hijo de Dios. Nosotros somos importantes en la recolección de tesoros para la eternidad. Lo que hacemos y decimos por Cristo, no importa cuán insignificante parezca en este mundo, durará para siempre.

3. Realización. Concepto clave: Papel preferente

La realización en la vida se puede resumir en un sencillo lema: "Florece donde estás plantado". Pedro lo dice de esta manera: "cada uno, según el don que ha recibido, minístrelo a otros" (1 Pedro 4:10). La realización es descubrir nuestro carácter único en Cristo y usar nuestros dones y talentos en la edificación de otros y para glorificar al Señor.

Dios me permitió entender este sencillo principio antes de entrar en el ministerio, mientras aún estaba empleado como ingeniero aeroespacial. Sabía que Dios quería que fuera su embajador en el trabajo, de modo que comencé un desayuno de estudio bíblico en la puerta adyacente a la cancha de bolos. El anuncio de estudio bíblico había sido puesto hacía una hora cuando un colega judío lo arrancó de la muralla y me lo trajo.

—No puedes traer a Jesús a este lugar —objetó.

—No puede ser de otra manera —le dije—. Cada día entro aquí y Jesús viene conmigo —mi respuesta no le impresionó.

Uno de los hombres que encontró a Cristo en esos estudios bíblicos se convirtió en un fogoso evangelista. Dondequiera que fuera entregaba folletos. Cuando me retiré de la empresa aeroespacial para entrar al seminario, él siguió con el estudio bíblico.

Algunos meses más tarde regresé para visitar a mis amigos del estudio bíblico.

—¿Te acuerdas de aquel judío? —preguntó mi amigo.

—Sí, lo recuerdo —dije recordando su rabiosa oposición a nuestro estudio bíblico.

—Bueno, se enfermó y casi se murió. Fui al hospital y lo visité cada noche. Finalmente lo llevé a Cristo.

Me sentí extasiado de ser un abuelo espiritual. La sensación de realización era irresistible. Todo ocurrió porque inicié una sencilla clase bíblica donde trabajaba, así que podía decir lo que Pablo dice: "Haz la obra de evangelista, cumple tu ministerio" (2 Timoteo 4:5).

Dios tiene un lugar especial de ministerio para cada uno de nosotros. Es importante para ti la sensación de realización para comprender tu llamamiento en la vida. La clave es descubrir los roles que ocupas donde no puedes ser reemplazado, y entonces decidir ser lo que Dios quiere que seas en aquellos roles. Por ejemplo, entre los seis mil millones de personas del mundo el único que ocupa tu papel como marido, padre, esposa, madre, o hijo en el hogar eres tú. Dios te ha plantado especialmente para que le sirvas sirviendo a tu familia en ese ámbito.

Además, eres el único que conoce a tus vecinos como tú los conoces. Ocupas un papel único como embajador de Cristo donde trabajas. Ellos son tu campo de trabajo y tú eres el obrero que Dios ha designado para la cosecha en ese lugar. Tu mayor realización consiste en aceptar y ocupar el lugar único para el mejor desempeño de tus habilidades. Es triste decirlo, muchos yerran el llamado en la vida esperando verse realizados en el mundo. Encuentra tu realización en el reino de Dios y sé un embajador de Cristo en el mundo (2 Corintios 5:20).

4. Satisfacción. Concepto clave: Calidad

La satisfacción viene de vivir con justicia y tratar de elevar la calidad de las relaciones, el servicio y el producto. Jesús dice: "Bienaventurados los que tienen hambre y sed de justicia, porque ellos serán saciados" (Mateo 5:6). ¿Crees esto? Si no, ¿qué harías? Deberías tener hambre y sed de justicia, y si no la tuvieses, es que realmente no has creído.

¿Qué hace que estés disconforme con algo, o con alguien? Se debe normalmente a que la calidad de la relación, del servicio o del producto ha decaído. Suelo preguntar a la gente si pueden recordar el momento en que comenzó la insatisfacción. Inevitablemente identifican el momento en que la calidad de la relación, del servicio prestado o la calidad de su trabajo ha disminuido.

La satisfacción es una preocupación por la calidad, no por la cantidad. Tendrás mayor satisfacción haciendo bien unas pocas cosas que haciendo muchas cosas de manera apresurada o al azar. La clave de la satisfacción personal no se encuentra en ampliar el radio de tus actividades, sino en profundizarlas por medio de un compromiso con la calidad.

Lo mismo vale para las relaciones. Si no estás satisfecho con tus relaciones, quizás las hayas multiplicado en detrimento de la calidad. Salomón escribe: "El hombre que tiene amigos ha de mostrarse amigo; y amigo hay más unido que un hermano" (Proverbios 18:24). Puede ser interesante conocer una cantidad de personas superficialmente, pero necesitas unos pocos buenos amigos consagrados a una relación de alta calidad contigo.

El Señor nos dejó el modelo. Enseñó a multitudes y preparó a 70 para el ministerio, pero invirtió la mayor parte de su tiempo en sus doce discípulos. De los doce seleccionó a tres, Pedro, Juan y Jacobo, para que estuviesen con Él en el monte de la Transfiguración, en el monte de los Olivos y en el huerto de Getsemaní. Mientras sufría en la cruz, Jesús pidió a Juan, quizás su mejor amigo, que cuidase a su madre. Esa es una relación de calidad, y todos necesitamos la satisfacción que produce una relación de calidad.

5. Felicidad. Concepto clave: El contentamiento

Para el mundo la felicidad consiste en tener lo que uno desea. Las avenidas comerciales de las ciudades nos dicen que necesitamos un auto más reluciente, una colonia más sexy o cualquier cantidad de artículos que son mejores, más rápidos o más fáciles de usar que los que ya tenemos. Miramos la publicidad y leemos los avisos comerciales y nos entra la ansiedad por adquirir todas las últimas modas, manías y caprichos. No somos realmente felices mientras no obtenemos lo que deseamos.

El concepto de Dios acerca de la felicidad se resume en un sencillo proverbio: "Feliz el hombre que se contenta con lo que tiene". Mientras tengas el pensamiento puesto en lo que no tienes, serás infeliz. Cuando comienzas a apreciar lo que ya tienes serás feliz toda la vida.

Pablo escribe a Timoteo: "Pero gran ganancia es la piedad acompañada de contentamiento; porque nada hemos traído a este mundo, y sin duda nada podremos sacar. Así que, teniendo sustento y abrigo, estemos contentos con esto" (1 Timoteo 6:6-8).

En realidad ya tienes todo lo que te puede hacer feliz para siempre. Tienes a Cristo. Tienes vida eterna. Te ama el Padre celestial que ha prometido cuidar que nada te falte. No es sorprendente que la Biblia reiteradamente nos manda que seamos agradecidos (1 Tesalonicenses 5:18). Si realmente quieres ser feliz, aprende a estar contento con la vida y agradecido por lo que ya tienes en Cristo.

6. Diversión. Concepto clave: Espontaneidad sin inhibiciones

La diversión consiste en expresar una espontaneidad sin inhibiciones. ¿Has planificado alguna vez una diversión en grande? Es posible que la última vez que te divertiste realmente fue de un modo espontáneo, cuando dejaste de lado las inhibiciones. La gente del mundo sabe que tiene que dejar sus inhibiciones para divertirse. Es una de las razones por las que beben.

El secreto para disfrutar de una espontaneidad sin inhibiciones como cristiano es quitar los inhibidores que no son bíblicos. Principal entre nuestros inhibidores de la diversión cristiana es nuestra tendencia carnal a guardar las apariencias. No tenemos que parecer fuera de lugar, ni que otros piensen que somos menos, de modo que almidonamos nuestra espontaneidad con una forma de falso decoro.

PRINCIPAL ENTRE NUESTROS INHIBIDORES DE LA DIVERSIÓN CRISTIANA ES NUESTRA TENDENCIA CARNAL A GUARDAR LAS APARIENCIAS.

Eso es agradar al hombre. Pablo sugiere que el que vive para agradar al hombre no sirve a Cristo (véase Gálatas 1:10). El apático exclama: "¿Qué va a decir la gente?" El liberado en Cristo responde: "¿A quién le importa el qué dirán? Me importa lo que Dios dice y dejé de jugar para las graderías hace tiempo, cuando empecé a jugar para el entrenador".

Me gusta el gozo desinhibido del rey David. Estaba tan feliz de volver con el arca a Jerusalén que saltaba y danzaba delante del Señor celebrando. Sabía que hay gozo en la presencia del Señor. Sin embargo Mical, su esposa, acompañante para la fiesta, pensó que su conducta no era la que correspondía a un rey, y se lo dijo en palabras inequívocas. David dijo: "Señora, es malo para ti, Yo danzo delante de Jehová, no para ti ni para otros. Y seguiré danzando te guste o no te guste" (paráfrasis de 2 Samuel 6:21). Como resultado, Mical, no David, fue la persona juzgada en este incidente (véase v. 23). Hay más diversión agradando al Señor que tratando de agradar a la gente.

7. Seguridad. Concepto clave: Relación con lo eterno

La inseguridad consiste en confiar en las cosas temporales sobre las cuales no tenemos derecho ni capacidad de control. ¿Te das cuenta que Dios está sacudiendo los cimientos de este mundo? La inseguridad es un problema global. Al mundo caído le esperan días difíciles. No es necesario ser un genio para saberlo. La explosión demográfica y la disminución de los recursos naturales indican que vamos a gran velocidad hacia una colisión.

Nuestra seguridad sólo se puede encontrar en la vida eterna de Cristo. Jesús dijo que nadie nos puede arrebatar de su mano (Juan 10:27-29). Pablo declara que nadie podrá separarnos del amor de Dios en Cristo (Romanos 8:35-39) y que hemos sido sellados en Él por el Espíritu Santo (Efesios 1:13, 14). ¿Puedes lograr una seguridad mayor que esta?

Todo lo que ahora tenemos se perderá un día. Jim Elliot (misionero que murió con otros cuatro en manos de los indios aucas en Ecuador, en 1956) dijo: "No es necio quien entrega lo que no puede conservar, para alcanzar lo que no puede perder".[1]

Pablo dice: "Pero cuantas cosas eran para mí ganancia, las he estimado como pérdida por amor de Cristo. Y ciertamente aun estimo todas las cosas como pérdida por la excelencia del conocimiento de Cristo Jesús, mi Señor, por amor del cual lo he perdido todo, y lo tengo por basura, para ganar a Cristo" (Filipenses 3:7, 8).

8. Paz. Concepto clave: Establecimiento de un orden interno

Paz en la tierra, buena voluntad para con los hombres; esto es lo que todos quieren. Es un gran deseo, pero una meta errada. Nadie puede garantizar una paz externa porque nadie puede controlar a la gente ni las circunstancias. Las naciones firman tratados de paz y los quebrantan con aterradora regularidad. Un grupo de pacifista marcha por la paz y se enfrenta con otro grupo que marcha por la paz y terminan golpeándose mutuamente. Las parejas se lamentan que habría paz en sus hogares "si él (o ella) se amoldara".

La paz de Dios es interna, no externa. La paz *con* Dios es algo que ya tienes (Romanos 5:1). La paz *de* Dios es algo que necesitas tomar cada día en tu mundo interno en medio de las tormentas que rugen en el mundo exterior (Juan 14:27).

Muchas cosas pueden perturbar tu mundo exterior porque no puedes controlar las circunstancias ni tus relaciones. Sin embargo, *puedes* controlar el mundo interno de tus pensamientos y emociones, permitiendo que diariamente la paz de Dios gobierne tu corazón. Puede haber caos alrededor de ti, pero Dios es mayor que cualquier tormenta. Tengo una plaquita en mi escritorio que me recuerda: "Nada ocurrirá hoy día que Dios y yo no podamos resolver". El culto personal, la oración y la interacción con la Palabra de Dios nos capacitan para tener la paz de Dios (Filipenses 4:6, 7; Colosenses 3:15-16).

Cuando doy a conocer estos ocho puntos fundamentales del sistema cristiano de fe, suelo oír que la gente dice: "Bueno, supongo que es verdad, pero todavía creo..." ¿Qué les permitirá vivir a ellos: lo que saben que es la verdad o lo que "aun creen"? ¡Siempre esto último, *siempre*! Andar por fe es sencillamente preferir ser lo que Dios dice que es verdad, viviendo en conformidad con ello por el poder del Espíritu Santo.

NOTAS

1. Elisabeth Elliot, *Shadow of the Almighty: The Life and Testament of Jim Elliot.* (San Francisco: Harper and Row Publishers, 1958), p. 15.

Capítulo 9

Cómo ganar la batalla
por tu mente

Hace varios años, Shelley, la esposa de un estudiante en Talbot asistió como oyente a mi clase sobre conflictos espirituales. Más o menos a mediados del curso me detuvo en el pasillo y simplemente me dijo: "No tiene idea de lo que está pasando en mi vida". Ella tenía razón; yo no tenía idea. La estimulé que siguiera adelante y aplicase las verdades aprendidas a su vida.

Terminado el curso, me entregó una carta:

Estimado Neil:

Quiero darte las gracias nuevamente, porque el Señor ha usado tu clase para cambiar mi vida. Los últimos dos años han sido de luchas por el control de mi mente. Yo ignoraba mi posición y autoridad en Cristo, e igualmente ignoraba la habilidad de Satanás para engañarme. Estaba constantemente atemorizada. Me bombardeaba la mente con pensamientos hostiles, agresivos. Me sentía culpable y me preguntaba qué de malo me estaba pasando. No entendía mucho de la esclavitud en que estaba hasta que asistí a tu clase.

Siempre había pensado que los demonios no afectaban a los creyentes. Pero cuando comenzaste a describir a una persona influenciada por los demonios, casi me morí debido al impacto que me produjo. ¡Me estabas describiendo a mí! Por primera vez en mi vida pude identificar el ataque de Satanás y resistirle realmente. Ya no me paraliza el temor y tengo la cabeza más despejada. Como puedes ver, estoy muy entusiasmada con esto.

Ahora, cuando leo las Escrituras, me pregunto por qué no podía ver esto antes. Pero, como sabes bien, estaba engañada.

Reitero mi gratitud,

Shelley

Shelley era cristiana mucho antes que asistiera a mi curso, pero no entendía la batalla que ocurría en su mente. Se estaba "destruyendo por falta de conocimiento" (Oseas 4:6). Shelley representa un número increíble de cristianos que ignoran las maquinaciones de Satanás (2 Corintios 2:11). Cuando los creyentes que luchan resuelven sus conflictos personales y espirituales por medio del arrepentimiento y la fe en Dios, ellos también logran la libertad en Cristo acerca de la cual Shelley me escribió.

La fe en Dios es el camino cristiano para vivir, y el razonamiento filosófico humanista es el camino de los hombres, pero a menudo se encuentran en conflicto. Tener fe en Dios no es irracional, y no sugiero que ignores tu responsabilidad de pensar. Por el contrario, Dios nos pide que pensemos y tomemos decisiones conscientes. Dios es un Dios racional y hace su obra por medio de nuestra capacidad de razonar. El problema es que nuestra capacidad de razonar es limitada y dada a la racionalización.

El Señor dice: "Como son más altos los cielos que la tierra, así son mis caminos más altos que vuestros caminos, y mis pensamientos más que vuestros pensamientos" (Isaías 55:9). Somos incapaces de determinar los pensamientos divinos por medio del razonamiento humano, en consecuencia, dependemos de la revelación divina.

En la figura 9-A el Plan A es vivir por fe el camino de Dios. El plan B es vivir nuestro camino siguiendo el razonamiento humanista. El humanista diría: "No veo el camino de Dios" o "Como no creo en Dios, seguiré mi propio camino". Salomón nos exhorta a seguir el camino de Dios cuando escribe: "No te apoyes en tu propia prudencia" [Plan B], pero "reconócelo en todos tus caminos" [Plan A] (Proverbios 3:5, 6).

La fuerza del plan A la determina tu convicción personal en el sentido de que el camino de Dios siempre es el correcto y con cuánto compromiso has de creerlo. La fortaleza del Plan B lo determina la cantidad de tiempo y energía que inviertes en la conservación de los pensamientos contrarios a la Palabra de Dios. El Plan B está saturado de mecanismos de defensa y de fortalezas erigidas contra el conocimiento de Dios. Todo nuevo creyente está dominado por el plan B, porque es todo lo que saben hasta que llegan a conocer a Dios y sus caminos.

El camino de Dios y el camino del hombre

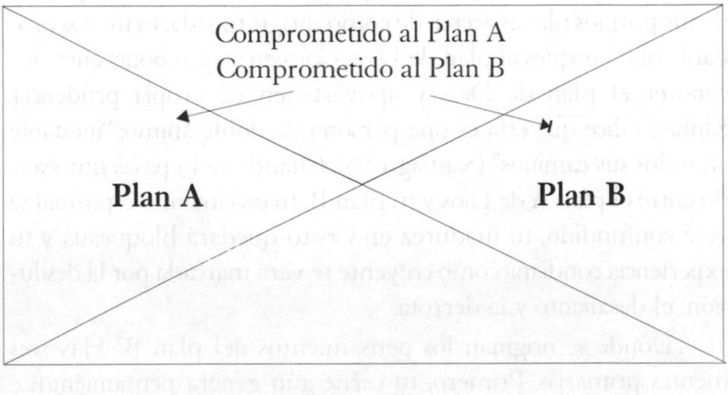

Comprometido al Plan A
Comprometido al Plan B

Plan A   Plan B

Figura 9-A

Por ejemplo, el plan de Dios es que el matrimonio sea un compromiso monógamo y vitalicio. Supongamos que una esposa cristiana comience a razonar: *No sé si mi matrimonio va a durar. En caso que así ocurriera, es mejor que consiga un trabajo para asegurar mi futuro.* Todo compromiso que haga en el Plan B disminuye su compromiso con el Plan A. Mientras más piensa en B, mayores son las posibilidades de necesitarlo. En realidad ha hecho planes para el fracaso de su matrimonio.

No tengo un plan B para mi matrimonio, porque mi compromiso con Joanne es para toda la vida. Trato de no acariciar pensamientos contrarios a mi compromiso hacia ella, aun cuando soy tentado al respecto. Todo creyente será tentado a pensar en la pendiente resbalosa del plan B. Recibí una carta de la esposa de un ex estudiante del seminario que estaba oficiando como pastor. "Me di cuenta que estaba en problemas cuando vi en el escritorio de mi marido el libro *Divorcio creativo*". Él estaba considerando el plan B y lo eligió. En la actualidad algunos jóvenes se están casando, pero no están o están muy poco comprometidos. Piensan: *Si el matrimonio no resulta, siempre puedo recurrir al divorcio.* Este tipo de compromiso asegura que el matrimonio tiene pocas posibilidades de sobrevivir.

Mientras más tiempo y energía inviertes en la contemplación de tus propios planes acerca de cómo dirigir tu vida, es menos probable que busques el plan de Dios. Comienzas a rebotar entre reconocer el plan de Dios y apoyarte en tu propia prudencia. Santiago dice que esta es una persona de doble ánimo: "inestable en todos sus caminos" (Santiago 1:8). Cuando te lo pasas titubeando entre el plan A de Dios y tu plan B, tu crecimiento espiritual se verá confundido, tu madurez en Cristo quedará bloqueada y tu experiencia cotidiana como creyente se verá marcada por la desilusión, el desaliento y la derrota.

¿Dónde se originan los pensamientos del plan B? Hay tres fuentes primarias. Primero, tu carne aún genera pensamientos e ideas humanistas. Tu carne es esa parte de ti entrenada para vivir independiente de Dios antes que fueras cristiano. Antes de la salvación no había plan A en tu vida; estabas separado de Dios, ignorante de sus caminos y decidido a tener éxito y sobrevivir por medio de tus recursos propios y habilidades naturales.

Cuando naciste de nuevo, te convertiste en una nueva persona, pero nadie oprimió la tecla BORRAR en tu memoria. Trajiste contigo a la nueva fe todos los caminos del viejo plan B con sus patrones carnales de pensamiento. Así, aunque tu nuevo yo desea vivir dependiente de Dios y seguir el plan A, tu carne persiste en sugerir los caminos del plan B de vivir independiente de Dios.

Segundo, estamos influidos continuamente por este mundo caído. Los medios de comunicación y el ambiente del mundo están dominados por el pensamiento del plan B.

Tercero, el Dios de este siglo se ha opuesto a la Palabra de Dios desde el huerto del Edén. El padre de mentiras tentará, acusará y engañará a los hijos de Dios como lo hizo con Eva, si le dejamos. Además, los falsos profetas y maestros, médium y espiritistas desviarán a muchos.

La esencia de la batalla para la mente es un conflicto entre el Plan A, y el Plan B impulsados por el mundo, la carne y el diablo. Tal vez sientas que eres una víctima indefensa en esta batalla, tirado de aquí para allá como el balón en un juego, pero no estás indefenso de ninguna manera. Más bien, Dios ha provisto todo lo que necesitamos para ganar la batalla por nuestra mente.

LAS FORTALEZAS DE LA MENTE

La naturaleza de la batalla se presenta en 2 Corintios 10:3-5:

Pues aunque andamos en la carne, no militamos según la carne; porque las armas de nuestra milicia no son carnales, sino poderosas en Dios para la destrucción de fortalezas, derribando argumentos y toda altivez que se levanta contra el conocimiento de Dios, y llevando cautivo todo pensamiento a la obediencia a Cristo.

Este pasaje es diferente de la armadura defensiva descrita en Efesios 6. La imagen presentada aquí es ofensiva, con imágenes del tipo del ariete que tenía el designio de derribar fortalezas. ¿En qué consisten las fortalezas de la mente, y cómo se han levantado contra el conocimiento de Dios?

Estímulo ambiental

Recordemos que todos hemos nacido físicamente vivos, pero espiritualmente muertos en un mundo caído (Efesios 2:1-3). No teníamos la presencia de Dios en nuestra vida ni el conocimiento de sus caminos, de modo que aprendimos a vivir independientes de Dios. Los bebés no tienen vocabulario, actitudes ni creencias acerca de nada. Todo lo que aprendimos en los primeros años formativos de nuestra vida fue asimilado del ambiente en que fuimos criados. Esto ocurre de dos maneras.

Primero, aprendiste fundamentalmente a través de las experiencias imperantes. Las actitudes y creencias se forman a la larga por el contacto en el hogar donde fuiste criado, el vecindario donde jugaste, las escuelas donde te educaste, los amigos que tenías y la iglesia a la que asististe o dejaste de asistir. Todas las experiencias de la niñez dieron forma a tu cosmovisión.

Es importante comprender que dos niños criados en el mismo ambiente pueden interpretar sus experiencias en forma diferente. Además, dos niños pueden tener experiencias diferentes en su niñez. Uno puede crecer en un ambiente amistoso donde los padres protegen a sus hijos de las influencias dañinas. Otro puede haber crecido en un ambiente hostil y en contacto con las inmundicias de este mundo. Sin embargo, por igual los dos necesitan a Cristo.

Segundo, las creencias y actitudes se forman en nuestra mente debido a experiencias traumáticas tales como la muerte de uno de los padres, el divorcio, o la crueldad mental, física o sexual. A diferencia de las experiencias imperantes que se asimilan en la mente a lo largo del tiempo, las experiencias traumáticas se graban a fuego en la mente debido a su intensidad y dejan impresiones perdurables.

Pablo dice: "No os conforméis a este siglo, sino transformaos por medio de la renovación de vuestro entendimiento" (Romanos 12:2). Su argumento es que todos hemos sido conformados a este siglo, aunque en diversas formas, y seguimos todavía en ello. Como creyentes podemos oír música que no es conveniente, mirar programas que no son buenos, tener amigos malos y pensar con maldad. Todavía somos tentados a vivir en forma independiente de Dios porque vivimos en un mundo caído.

Tentación

La tentación siempre viene por medio del pensamiento, y la clave para resistirla es llevar el pensamiento inicial cautivo a la obediencia a Cristo. Hay una caricatura humorística de "Cathy" que ilustra como un pensamiento inicial se abre paso como un tren de carga fuera de control:

Cuadro 1:   Saldré a dar una vuelta pero no pasaré cerca del supermercado.

Cuadro 2:   Pasaré cerca del supermercado, pero no entraré.

Cuadro 3:   Entraré en el supermercado, pero no pasaré por el pasillo donde hay caramelos en oferta.

Cuadro 4:   Miraré los caramelos, pero no los tocaré.

Cuadro 5:   Tomaré los caramelos, pero no los compraré.

Cuadro 6:   Compraré caramelos, pero no los abriré.

Cuadro 7:   Lo abriré, pero no les tomaré el olor.

Cuadro 8:   Les tomaré el olor, pero no los probaré.

Cuadro 9:   Los probaré, pero no comeré.

Cuadro 10: ¡Come, come, come, come, come!

Las Escrituras enseñan que Dios ha dado un camino de salida para toda tentación (1 Corintios 10:13). Sin embargo, según lo ilustra la experiencia de Cathy, la salida probablemente se encontraba antes del primer cuadro. Cathy perdió la batalla cuando decidió salir a dar una vuelta. Si no llevas cautivo el primer pensamiento, probablemente perderás la batalla contra la tentación. Todos tenemos que aprender la práctica del pensamiento en el umbral. Necesitamos emprender la huida en el momento que nuestros pensamientos se inclinen contra la verdad y la justicia.

Por ejemplo, un hombre que lucha contra la lascivia ve un cuadro pornográfico. Tiene la oportunidad de responder pensando: *Ha terminado mi relación con el pecado. No tengo que ceder en esto. Decidí ahora mismo llevar mi pensamiento cautivo a la obediencia a Cristo. No voy a mirarlo y ni siquiera voy a pensar en él.* Deja de mirarlo y se deshace de las revistas o se aleja del lugar de la tentación. Si en el umbral, vacila, mira el cuadro y comienza a fantasear al respecto, se lanzará por la pendiente emocional y producirá una respuesta física que le será difícil detener. Debe capturar el pensamiento inicial de la tentación, si no quiere que el pensamiento lo capture a él.

Consideración y elección

Si comienzas a cocinar un pensamiento tentador en tu mente, tus emociones se verán afectadas y crecerá la posibilidad de ceder a la tentación. La mayoría de los que trabajan en la salud mental opinan que nuestras emociones son un producto de nuestra vida pensante. No podemos controlar directamente nuestras emociones, pero podemos controlar lo que pensamos. Por eso la mente es el centro controlador de todas nuestras actividades. Nada haces que primero no lo hayas pensado. La respuesta física y emocional a nuestros pensamientos puede ser tan rápida que podríamos creer que no tenemos control sobre el proceso, pero sí podemos. Todo creyente tiene un botón "no". "Porque cual es su pensamiento en su corazón, tal es él" (Proverbios 23:7).

Si lo que pensamos no es reflejo de la verdad, nuestro sentimiento no reflejará la realidad. Supongamos que el lunes oyes un rumor en la oficina que serás despedido el viernes. Cada día te pones más ansioso. El jueves recibes un memo de tu jefe pidiéndote que vayas a su oficina a las 10 de la mañana del viernes. En tu mente bullen toda clase de pensamientos, tales como: *Entra y entrégale tu renuncia*, o *¿Por qué esperar hasta mañana? Renuncia hoy*. Llega el viernes y estás hecho un manojo de nervios. Cuando abres la puerta de su oficina, los principales "mandamases" de la empresa gritan al unísono: "¡Sorpresa, acabas de ascender a gerente general!"

> ## SI LO QUE PENSAMOS NO ES REFLEJO DE LA VERDAD, NUESTRO SENTIMIENTO NO REFLEJARÁ LA REALIDAD.

Mientras pensabas que ibas a ser despedido, tus sentimientos de ira no se conformaban a la realidad, porque lo que creías no era verdad. El gozo y el alivio que sentiste después del ascenso se conformó a la realidad, porque ahora conocías la verdad. Muchos cristianos no se sienten salvados, no sienten que Dios los ama porque hay pensamientos de antaño que se levantan contra el conocimiento de Dios. Cuando derribamos esas fortalezas y llevamos todo pensamiento cautivo a la obediencia a Cristo, nuestras emociones comienzan a conformarse a la realidad del amor de Dios. Si preferimos creer la mentira, nuestras emociones nos harán avanzar por el camino de la tentación.

Acción, hábito y fortaleza

Cuando la consideración de una tentación ha disparado tu respuesta emocional hacia el plan B, actuarás de acuerdo con esa decisión y adoptarás esa conducta. Puedes sentirte resentido por tus acciones o pretender que no eres responsable de lo que hiciste. Sin embargo, a esta altura *eres* responsable de tus acciones, porque no tomaste cautivo el pensamiento tentador en el momento que apareció en el umbral de tu mente.

Quienes estudian la conducta humana nos dicen que si repites un hecho durante seis semanas, formarás un hábito. Si ejercitas ese hábito durante un tiempo, se establece una fortaleza. Cuando la fortaleza de pensamiento y respuesta se ha atrincherado en tu mente, se hace difícil que tu capacidad te permita decidir y actuar en sentido contrario a ese patrón. Es como conducir un camión por el mismo camino de tierra tantas veces que se hacen surcos profundos. Después de un tiempo ni siquiera tendría que usar el volante. Permanecería naturalmente en los surcos y cualquier intento de sacarlo de los surcos hallaría resistencia.

La fortaleza (plaza fuerte) es un hábito mental a determinado patrón de pensamiento. Son recuerdos grabados a fuego en nuestra memoria a lo largo del tiempo o por la intensidad de las experiencias traumáticas. Por ejemplo, la inferioridad es una fortaleza. Nadie nace inferior a otra persona, pero puedes luchar con un complejo de inferioridad si el mundo sigue enviando el mensaje de que todos son más fuertes, inteligentes y mejor parecidos que tú.

La base para una fortaleza mental puede estar en el hecho de ser hijo de un alcohólico. Supongamos tres muchachos criados en un hogar en que el padre es alcohólico. Cuando el padre llega borracho y beligerante a casa cada noche, el hijo mayor se siente suficientemente grande como para hacerle frente. Le dice a su padre: "Tócame con una mano y vas a tener problemas".

El segundo hijo piensa que no podrá enfrentar a su padre; se adapta y toma una actitud servil. Lo saluda y le dice: "Cómo estás, papá? Te sientes bien, verdad? ¿Necesitas algo? ¿Quieres que llame a alguien?"

El hijo menor se halla completamente intimidado por su padre. Cuando el papá llega a casa, desaparece de la vista y corre a esconderse en el ropero o debajo de la cama. Se mantiene alejado de su padre y elude el conflicto.

Veinte años pasan, hace tiempo que el padre ha muerto. Los tres hombres se ven confrontados con situaciones hostiles. ¿Cómo piensas que responderán? El mayor peleará, el del medio tratará de apaciguar y el menor huirá. Así es como aprendieron a enfrentar la hostilidad. Sus patrones de pensamiento y de respuesta, profundamente engastados han formado plazas fuertes en sus mentes.

La hostilidad es una fortaleza. La mujer o el hombre que lucha con pensamientos hostiles, su conducta los hace belicosos y agresivos si se sienten amenazados. Aprendieron a enfrentar de esa manera las situaciones difíciles. A él o a ella no le será fácil amar a su enemigo, bendecir a los que le maldicen o poner la otra mejilla.

La homosexualidad es una fortaleza. Ante los ojos de Dios no existe el homosexual. Nos creó varón y mujer. Sin embargo, los pensamientos, los sentimientos y el comportamiento homosexual generalmente se remontan a experiencias negativas o pensamientos tentadores del pasado. Tales experiencias precipitan los sentimientos sexuales, las fantasías y desorientaciones, y hacen que algunos crean una mentira acerca de su identidad sexual.

La anorexia y la bulimia son fortalezas mentales. Los desórdenes alimenticios tienen poco que ver con el alimento. Una mujer de 50 kilos frente al espejo se encuentra gorda y no se da cuenta del engaño. Es víctima de moldes negativos de pensamiento acerca de sí misma y que se han grabado en su mente en el trascurso del tiempo, o quizás se hayan originado durante experiencias traumáticas como una violación o un incesto.

LA RENOVACIÓN DE LA MENTE

¿Tenemos que ser víctimas de estas fortalezas mentales negativas por el resto de nuestra vida? ¡De ninguna manera! Si hemos sido educados de mala manera, ¿podemos ser reeducados? Si hemos aprendido a creer la mentira, ¿podemos decidir aceptar la verdad? Si nuestro computador ha sido mal programado, ¿se puede reprogramar? Definitivamente sí; pero tienes que tener el deseo de renovar tu entendimiento. ¿Cómo? Nuestra vida se transforma a medida que renovamos nuestro entendimiento por medio de la predicación de la Palabra de Dios, de los estudios bíblicos del discipulado personal y de la consejería cristocéntrica (Romanos 12:2). Dado que algunas de las fortalezas son pensamientos que se levantan contra el conocimiento de Dios (2 Corintios 10:5), un punto de partida es aprender a conocer a Dios como Padre amante y a ti mismo como hijo aceptado.

Tu mente es más que condicionamientos negativos de tu niñez. No sólo puedes enfrentar el sistema mundano en que fuiste criado con los patrones carnales resultantes que has decidido adoptar. También estás en condiciones de resistir al diablo que usa artimañas para llenarte la mente con pensamientos opuestos al plan de Dios para ti.

Además de los pensamientos previos que han formado las fortalezas mentales, tenemos la responsabilidad presente de administrar nuestros pensamientos según 2 Corintios 10:5: "Llevando todo pensamiento [*noema*] cautivo a la obediencia a Cristo". ¿Por qué es necesario llevar cautivos los pensamientos? Por que son contrarios a los caminos de Dios y pueden ser los pensamientos del enemigo.

Nótese que Pablo usa la palabra "pensamiento" (*noema*) en 2 Corintios en relación con la actividad de Satanás. En 3:14 y 4:4, Pablo revela que Satanás está tras la dureza espiritual y la ceguera de los incrédulos: "El entendimiento (*noema*) de ellos se embotó... el dios de este siglo cegó el entendimiento (*noema*) de los incrédulos".

Pablo afirma que Satanás engaña y divide a los creyentes: "Temo que como la serpiente con su astucia engañó a Eva, vuestros sentidos (*noema*) sean de alguna manera extraviados de la sincera fidelidad a Cristo" (2 Corintios 11:3) "No ignoramos sus maquinaciones (*noema* de Satanás)".

La estrategia de Satanás es introducir ideas y pensamientos en tu mente y engañarte para que creas que son tuyos. Le ocurrió al rey David. Satanás "incitó a David a que hiciese censo en Israel" (1 Crónicas 21:1), acto que Dios había prohibido, y David actuó según la idea de Satanás. ¿Se manifestó Satanás a David en forma audible y le dijo: "Quiero que cuentes a Israel"? Lo dudo. David era un hombre piadoso y no hubiera obedecido a Satanás. ¿Y si Satanás introducía la idea en la mente de David en primera persona singular y la idea le hubiera llegado como "necesito saber el tamano de mi ejército; voy a contar mis soldados"? De esta forma eran los pensamientos de David, por lo menos creyó que lo eran, pero la Escritura no dice eso.

> **SI SATANÁS PUEDE PONER UNA IDEA EN TU MENTE, Y PUEDE HACERLO, NO NECESITA MUCHA HABILIDAD PARA QUE CREAS QUE ES TU IDEA.**

Si Satanás puede poner una idea en tu mente, y puede hacerlo, no necesita mucha habilidad para que creas que es tu idea. Si supieras que es de Satanás, la rechazarías, ¿verdad? Sin embargo, cuando disfraza sus sugerencias para que parezcan ser tus ideas y pensamientos, lo más probable es que los aceptes. Este es su engaño principal.

Dudo que Judas comprendiera desde el principio que la idea de entregar a Jesús fuera de Satanás, pero la Escritura revela claramente que lo era. Mientras cenaban, "el diablo ya había puesto en el corazón de Judas Iscariote, hijo de Simón, que le entregase" (Juan 13:2). Probablemente Judas pensara que ayudaba a Jesús a liberar a Israel de los romanos. El hecho de que Judas fuera ladrón lo hizo vulnerable a Satanás.

Ananías y Safira quizás pensaran que era idea propia retener algo de la ofrenda mientras dejaban en los demás la idea de que estaban dándolo todo. Si hubieran sabido que era idea de Satanás, probablemente no lo hubieran hecho, pero la Escritura revela claramente la fuente de sus pensamientos. "Ananías, ¿por qué llenó Satanás tu corazón para que mintieses al Espíritu Santo, y sustrajeses del precio de la heredad?" (Hechos 5:3).

Uno de los estudiantes de Talbot trajo a Tina para que la aconsejara. Tina sufría una grave dificultad emocional debido a sus increíbles antecedentes. Como niña y adolescente había presenciado abusos rituales y expiatorios, y reiteradas veces había sido violada por su padre, su hermano y el amigo de su hermano. Vio como ofrecían como sacrificio expiatorio su perrito mascota en un culto satánico.

Esperaba que al entrar en el campo de la psicología se vería liberada de su pasado. Obtuvo el grado de maestría y trató de inscribirse en un programa doctoral, pero su vida personal estaba hecha escombros.

Le dije a Tina que Jesús podía liberarla si le abría su vida.

—¿Te gustaría hacer una decisión por Cristo? —le pregunté.

—Lo haré después —dijo meneando la cabeza.

Después de oír la historia de Tina, sospeché lo que pasaba en su mente. —Tina, ¿has estado escuchando ideas opuestas a lo que te he dicho? Podrían ser una amenaza para ti o para mí.

—Sí —respondió Tina, palideciendo por la impresión y el asombro.

—Te están diciendo una mentira, Tina, y Satanás es el padre de las mentiras —le hablé algo más de la palabra de Dios, y diez minutos más tarde ella dio su corazón a Cristo.

Si Satanás logra que creas una mentira, puedes perder algún elemento de control en tu vida. Supón que yo fuera astuto y te persuadiera a creer una mentira. ¿Tendría algún efecto sobre tu vida esa mentira? Supón que hago circular el rumor de que tu cónyuge es infiel y tú lo oyes. Creer esa mentira, ¿afectaría tu sentimiento acerca de tu marido y tu forma de relacionarte con él? En consecuencia, si no llevas todo pensamiento cautivo a la obediencia a Cristo, puedes permitir que Satanás influya tu vida en un sentido negativo.

SACA A LA LUZ LA MENTIRA
Y GANA LA BATALLA

Satanás es un enemigo derrotado, por lo que su poder está limitado, pero todavía tiene capacidad para engañar "a todo el mundo" (Apocalipsis 12:9). Jesús dice que el diablo "no ha permanecido en la verdad. Cuando habla mentira, de suyo habla; porque es mentiroso y padre de mentira" (Juan 8:44). Satanás no tiene autoridad ni poder sobre ti, a menos que tú cedas ante él cuando te engaña para que creas sus mentiras.

Acerca de la cantidad de engaños que afectan a los cristianos hoy en día sólo se puede especular. En mi ministerio hallo falsas creencias en casi todas las sesiones de consejería. Muchos cristianos oyen voces en sus mentes, pero tienen miedo de contarlo a alguien por temor de que piensen que se están volviendo locos.

La mayoría de los creyentes que acuden a consejería están plagados de pensamientos que afectan negativamente su vida personal y su devoción a Dios. Estas distracciones mentales normalmente reflejan sus moldes carnales, pero también podría revelar una batalla espiritual en su mente, acerca de la cual Pablo nos advierte: "El Espíritu dice claramente que en los postreros tiempos algunos apostatarán de la fe, escuchando a espíritus engañadores y a doctrinas de demonios" (1 Timoteo 4:1).

Dado que el arma principal del diablo es la mentira, tu defensa contra él es la verdad. El trato con Satanás no es un enfrentamiento de poderes; es un enfrentamiento con la verdad. Cuando sacas a la luz la mentira de Satanás con la verdad de Dios, su poder queda destruido. Por eso Jesús dice: "Conoceréis la verdad y la verdad os hará libres" (Juan 8:32). Por eso oró: "No ruego que los quites del mundo, sino que los guardes del mal... Santifícalos en tu verdad; tu palabra es verdad" (Juan 17:15, 17). Por eso la primera pieza de la armadura mencionada por Pablo para resistir las artimañas del diablo es "el cinto de la verdad" (Efesios 6:14).

Satanás con su mentira no puede superar a la verdad así como las tinieblas de la noche no pueden resistir la luz del sol naciente. No somos llamados a disipar las tinieblas; se nos llama a encender la luz. Los espíritus engañadores son como las cucarachas. Salen sólo de noche, y cuando enciendes la luz, huyen hacia las sombras.

CÓMO GANAR LA BATALLA POR NUESTRA MENTE

Primero, debes ser "transformado por la renovación de tu entendimiento" (Romanos 12:2). ¿Cómo renuevas tu mente? Llenándola con la Palabra de Dios. Para ganar la batalla por tu mente debes dejar "que la paz de Dios gobierne vuestros corazones" (Colosenses 3:15) y "que la palabra de Cristo more en abundancia en vosotros" (v. 16). A medida que llenes tu mente con la verdad de Dios, estarás preparándote para reconocer la mentira y llevarla cautiva.

Piensa que tu mente es como una taza llena de café. Debido a lo que pusiste en ella, la taza de café se ve negra y aromática. Deseas que tu mente vuelva a ser clara como el agua, como era antes de tener café. No hay modo de filtrar el café una vez puesto en la taza (no hay botón de borrar).

Ahora imagina una vasija llena de hielo cristalino al lado de la taza de café en la que dice "la Palabra de Dios". No hay manera de vaciar toda la vasija de una sola vez, pero puedes poner un cubito de hielo cada día. Si lo haces durante el tiempo necesario, ya no podrás gustar, oler ni ver el café que había originalmente dentro, aun cuando estuviera aún allí. Eso funcionará mientras no pongas dentro una cucharada de mentiras e inmundicias al mismo tiempo que el cubo de hielo.

Segundo, Pedro nos ordena preparar nuestro entendimiento para la acción (1 Pedro 1:13). Afuera con toda fantasía infructífera.

Imaginar que haces algo sin hacerlo, es peligroso. Perderás el contacto con la realidad. La mente no puede distinguir después de un largo período lo que solamente imaginó de lo que realmente sucedió. Si dices una mentira por largo tiempo, comenzarás a creer que es verdad. La Escritura siempre dice que usemos nuestra mente en forma activa, nunca en forma pasiva, y orientemos nuestros pensamientos exteriormente, nunca internamente. El diablo tratará de eludir nuestro entendimiento, pero Dios obra por su intermedio.

Tercero, "lleva todo pensamiento cautivo a la obediencia a Cristo" (2 Corintios 10:5). Practica el pensamiento en el umbral, el primer pensamiento. Evalúa todo pensamiento a la luz de la verdad y ni siquiera consideres los pensamientos tentadores, acusadores o mentirosos. ¿Debes rechazar todo pensamiento negativo? ¡No! Eso es como estar en medio de una laguna y una docena de corchos flotan a tu rededor, y todo el propósito de tu vida fuera tratar de mantener sumergidos los corchos. Ignora los estúpidos corchos y nada hacia la orilla. Prefiere la verdad y sigue con la verdad hasta que se convierta en tu patrón de vida.

Cuarto, vuélvete a Dios cuando tus pensamientos te causen ansiedad. "Por nada estéis afanosos, sino sean conocidas vuestras peticiones delante de Dios en toda oración y ruego" (Filipenses 4:6). Cuando tu compromiso con el plan A se ve amenazado por pensamientos del plan B procedentes del mundo, la carne o el diablo, preséntalo a Dios en oración. Al hacerlo reconoces a Dios y mides tus pensamientos a la luz de su verdad. Entonces se disolverá tu confusión mental "y la paz de Dios que sobrepasa todo entendimiento guardará vuestros corazones y vuestros pensamientos (*noema*) en Cristo Jesús" (v. 7).

Quinto, asume la responsabilidad de elegir la verdad y consagrarte a vivir en conformidad con ella.

Por lo demás, hermanos, todo lo que es verdadero, todo lo honesto, todo lo justo, todo lo amable, todo lo que es de

*buen nombre; si hay virtud alguna, si algo digno de alaban-
za, en esto pensad. Lo que aprendisteis y recibisteis y oísteis
y visteis en mí, esto haced y el Dios de paz estará con vosotros. (8, 9).*

La siguiente historia es un maravilloso ejemplo de lo que puede sucederle a un cristiano cuando se vencen las fortalezas de su
mente con la verdad de Dios.

Jeannie es una mujer hermosa y talentosa de unos 35 años.
Como cristiana activa durante 23 años, canta en un grupo profesional, escribe música, dirige la adoración en su iglesia y supervisa
un grupo de discipulado.

Asistió a una de mis conferencias. Tenía problemas con la bulimia, esclavizada durante once años por las fortalezas de la alimentación y el miedo. Cuando estaba sola en casa durante horas
quedaba cautiva por las mentiras de Satanás acerca de la alimentación, su apariencia y su sentido de dignidad. Tenía tanto miedo
que cuando su marido no estaba en casa alguna noche, dormía en
el sillón y mantenía encendidas todas las luces de la casa. Se había
sometido a consejería, pero sin éxito. Todo el tiempo pensaba que
los pensamientos que la predisponían a vomitar eran suyos, dada
una experiencia traumática de su niñez. Yo miré a Jeannie y le dije:

—Toda persona que he conocido con desórdenes alimenticios
ha sido víctima de una fortaleza fundada en las mentiras de Satanás.

Al día siguiente me dijo:

—No tiene idea del impacto que eso causó en mi vida. He luchado con esto durante años, y de pronto comprendo que mi enemigo no soy yo, sino Satanás. Es la verdad más profunda que he
oído. Era como haber estado ciega durante once años y de pronto
puedo ver otra vez. Lloré todo el camino de regreso a casa.
Anoche, cuando los viejos pensamientos volvieron, sencillamente
los rechacé y preferí la verdad. Fue la primera noche durante años
que pude ir a dormir sin vomitar.

Dos semanas después, Jeannie me envió la siguiente nota:

Estimado doctor Anderson:

No puedo expresar las cosas maravillosas que el Señor ha hecho por mí gracias a la verdad que dio a conocer en la conferencia. Mi relación con el Señor es tan diferente. Ahora que estoy consciente de mi enemigo y de mi victoria sobre él en Cristo, se ha hecho *real* mi gratitud a nuestro poderoso y misericordioso Salvador. No puedo oír canciones acerca de Él sin llorar. Apenas puedo dirigir el canto de adoración sin llorar de gozo. La verdad me ha hecho libre en mi andar con Cristo.

Ahora las páginas de la Biblia las leo sin dificultad, cuando antes eran para mí un rompecabezas. Duermo en las noches sin temor, aun cuando mi marido no se encuentre en casa. Puedo estar en casa todo el día con una cocina llena de comidas y estar en paz. Cuando surge una tentación o una mentira, puedo arreglármelas con la verdad. No puede usted comprender la libertad que esto me brinda. Generalmente estaba esclavizada a las mentiras por horas y horas y perdí preciosas horas de mi tiempo y de mi vida, siempre con temor por la comida.

Y este es el cambio increíble, porque por primera vez en mi vida siento que mi relación con el Señor es propia. Ya no es el producto de las palabras de mi pastor ni el intento de reproducir el caminar de otros creyentes... ¡es mío! Empiezo a comprender cuán poderoso es el Espíritu Santo, y cuán inútil soy sin la oración. Ahora soy insaciable.

Sinceramente,

Jeannie.

Capítulo 10

Para estar bien, debes ser auténtico

Acababa de egresar del seminario y ministraba en el departamento universitario de una gran iglesia cuando conocí a Judy. Ella tenía 26 años, era graduada universitaria, tenía diploma de profesora, pero parecía una hippie de la década del 60. Usaba un gastado pantalón vaquero, iba sin zapatos, con una ajada Biblia en la mano.

Judy era una "recorre iglesias" y asistía a la clase de estudio bíblico para mujeres que se reunía en nuestra iglesia. Había solicitado consejo de la directora de la clase varias veces acerca de sus múltiples problemas. Cuando la directora supo que Judy había estado internada tres veces los últimos cinco años en un hospital psiquiátrico debido a una esquizofrenia paranoica, se sintió incapaz de aconsejarla. Entonces me preguntó si yo podía ver a Judy. Aunque yo no tenía una preparación formal en este ámbito de la consejería, accedí a conversar con ella.

Cuando Judy me contó su historia, tuvo dificultades para recordar los detalles de los últimos cinco años. Intenté tomarle unas pruebas psicológicas sencillas, pero ella no pudo resolverlas. Al acercarnos al final de nuestra cita, me sentí frustrado porque no tenía ningún indicio acerca de cómo ayudarla.

—Quiero que nos reunamos nuevamente, pero te pido que mientras tanto te sometas a la autoridad de esta iglesia —le dije.

Tan pronto como hube dicho esto, Judy se puso de pie de un salto y se dirigió a la puerta.

—Tengo que salir de aquí —dijo. Creo que el Señor me impulsó a preguntarle: —Judy, ¿es Jesús tu Señor?

Ella se giró abruptamente en la puerta y dijo con los dientes apretados: —Pregúntele usted a Jesús quién es mi señor —y salió precipitadamente.

La seguí por el pasillo y le seguí preguntando si Jesús era su Señor. Cada vez ella me respondía diciendo que le preguntara a Jesús quién era su señor. Finalmente, la alcancé y le pregunté nuevamente: —Judy, ¿es Jesús tu Señor?

Esta vez, cuando me miró su rostro estaba completamente cambiado.

—Sí —dijo.

—¿Podemos volver a mi oficina y conversar al respecto? —pregunté sin saber exactamente qué le iba a decir.

—Sí —respondió.

De regreso en mi oficina, le dije:

—Judy, ¿sabes que en tu mente se desarrolla una batalla? —ella negó con la cabeza—. ¿Nadie te ha hablado de esto antes?

—De las personas con quienes he conversado, nadie lo ha mencionado. O nadie sabía lo que pasaba en mi interior, o tuvieron miedo de decirlo cuando me trataron —confesó.

—Bueno, ahora vamos a conversar sobre eso y lo vamos a tratar —le aseguré—. ¿Quieres que hagamos eso? Judy estuvo de acuerdo.

Comenzamos a reunirnos semanalmente. Supuse que sus problemas eran el resultado de alguna falla moral en su vida o una historia de influencia del ocultismo o participación en esto. Le pregunté acerca del ámbito moral y no hallé fundamento para sus problemas. Le pregunté si se había visto relacionada con el ocultismo. Nunca había leído un libro sobre el tema. A esta altura yo me rascaba la cabeza porque no podía imaginar la fuente de su grave y obvio conflicto espiritual.

Un día comenzamos a conversar sobre la familia. Contó que su padre, un destacado pediatra, se había divorciado de su madre y se había ido con una enfermera. La madre de Judy y otros miembros de la familia habían ventilado abiertamente su odio y frustración. Judy, única cristiana en la familia, pensó que tenía que ser buen testigo. Estaba dispuesta a ser una hija amante y conciliadora. Guardó silencio mientras sus emociones la destrozaban en su interior.

—Hablemos de tu papá —le sugerí.

—No voy a hablar de mi padre —respondió bruscamente—. Si habla de mi padre, me voy.

—Espera un momento, Judy. Si no puedes hablar de tu padre aquí, ¿dónde puedes hacerlo? Si no tratas ahora los problemas emocionales, ¿dónde quieres que los tratemos?

Descubrí dos pasajes bíblicos que dieron una importante luz sobre la vida de Judy, plagada de problemas. El primero es Efesios 4:26,27: "Airaos, pero no pequéis; no se ponga el sol sobre vuestro enojo, ni deis lugar al diablo". Judy nunca había confesado su ira no resuelta contra su padre, y puesto que había reprimido su ira en lugar de confrontarla, le había dado al diablo su oportunidad, un lugar en su vida.

El segundo pasaje es 1 Pedro 5:7, 8: "Echando toda vuestra ansiedad sobre él, porque él tiene cuidado de vosotros. Sed sobrios y velad; porque vuestro adversario el diablo, como león rugiente anda alrededor buscando a quien devorar". En lugar de poner las ansiedades acerca de su padre sobre el Señor, Judy trató de ser espiritual tapándolas. Por no ser honesta emocionalmente, Judy se hizo espiritualmente vulnerable.

Judy comenzó a enfrentar sus sentimientos no resueltos hacia su padre y resolvió el problema del perdón que era el quid de su problema. A los pocos meses esta joven, a quien los psiquiatras habían desechado como incurable, hizo un significativo progreso y se ocupó en el ministerio con los niños en nuestra iglesia.

TUS EMOCIONES REVELAN TUS CREENCIAS

Tus emociones tienen un papel importante en el proceso de renovar tu mente. En un sentido general, tus emociones son el producto de tu vida pensante. Si no piensas en forma correcta, si no renuevas tu entendimiento, si no percibes a Dios y su Palabra en forma correcta, eso se verá en tu vida emocional. Si no reconoces tus emociones en forma apropiada, podrías hacerte espiritualmente vulnerable.

Una de las mejores ilustraciones bíblicas de la relación entre las creencias y las emociones humanas se encuentra en Lamentaciones 3. Nótese la expresión de desesperación de Jeremías cuando percibe en forma incorrecta que Dios está en su contra y que es la causa de sus problemas físicos:

> *Yo soy el hombre que ha visto aflicción bajo el látigo de su enojo. Me guió y me llevó en tinieblas, y no en luz; ciertamente contra mí volvió y revolvió su mano todo el día. Hizo envejecer mi carne y mi piel; quebrantó mis huesos; Edificó baluartes contra mí, y me rodeó de amargura y de trabajo. Me dejó en oscuridad, como los ya muertos de mucho tiempo (vv. 1-6).*

Escucha su sensación de estar atrapado y de temor:

> *Me cercó por todos lados, y no puedo salir; ha hecho más pesadas mis cadenas; aun cuando clamé y di voces, cerró los oídos a mi oración; cercó mis caminos con piedra labrada, torció mis senderos. Fue para mí como oso que acecha, como león en escondrijos. Torció mis caminos, y me despedazó; me dejó desolado Y dije: Perecieron mis fuerzas, y mi esperanza en Jehová (vv. 7-11, 18).*

Si tu esperanza era Dios, y estas palabras eran un retrato correcto de Dios, tú también te deprimirías. ¿Qué problema tenía Jeremías? Lo que creyó acerca de Dios no era verdad. Dios no era la causa de su aflicción. Dios no lo hizo andar en tinieblas. Dios no es una bestia salvaje que espera devorarlo. Jeremías no pensaba bien, ni interpretaba bien sus circunstancias, de modo que no sentía ni vivía en forma correcta.

Entonces sorprendentemente Jeremías comienza a cantar una tonada diferente:

> *Acuérdate de mi aflicción y de mi abatimiento, del ajenjo y de la hiel; lo tendré aún en memoria, porque mi alma está abatida dentro de mí; esto recapacitaré en mi corazón, por lo tanto esperaré. Por la misericordia de Jehová no hemos sido consumidos, porque nunca decayeron sus misericordias. Nuevas son cada mañana; grande es tu fidelidad. Mi porción es Jehová, dijo mi alma; por tanto, en él esperaré (vv. 19-24).*

¡Qué cambio! ¿Cambió Dios? ¿Cambiaron las circunstancias de Jeremías? No. Lo que cambió es lo que pensaba acerca de Dios y sus emociones siguieron a sus pensamientos.

Tú no te formas tanto por tu ambiente, sino por la percepción que tienes de tu ambiente. Los sucesos de la vida no determinan lo que eres; Dios determina quién eres, y tu interpretación de los sucesos de la vida determinan tu modo de manejar las presiones de la vida.

Nos sentimos tentados a decir: "Él me dejó tan mal" o "No me sentí deprimido hasta que ella apareció". Es como decir: "No tengo control sobre mis emociones ni sobre mi voluntad". En realidad tenemos muy poco control sobre nuestras emociones, pero tenemos control sobre nuestros pensamientos, y nuestros pensamientos determinan nuestros sentimientos y nuestras respuestas. Por eso es tan importante que llenes tu entendimiento con el conocimiento de Dios y de su Palabra. Necesitas ver la vida desde la perspectiva de Dios y responderle en conformidad con ello.

Recuerda, si lo que crees no refleja la verdad, entonces lo que sientes no refleja la realidad. Decir a la gente que no deben sentir como sienten es una forma sutil de rechazo. Poco pueden hacer acerca de lo que sienten. Sería mejor decir: "Siento tu dolor y tu ira, pero no estoy seguro que entiendes plenamente toda la situación ni todos los hechos. Permíteme contarte mis observaciones y luego veamos cómo te sientes".

Por ejemplo, supongamos que tu sueño de tener tu casa propia está en manos de una institución financiera que estudia tus antecedentes para prestar el dinero. Todos tus amigos oran para que aprueben el préstamo. Una noche llegas a casa y el teléfono tiene un mensaje con el aviso de que no fuiste aprobado. ¿Cómo te sentirías? ¿Enojado? ¿Deprimido? ¿Frustrado?

Estás por contarle a tu esposa la mala noticia de que el sueño de la casa propia sigue siendo un sueño. Escuchas el mensaje siguiente en el teléfono que dice que el primer mensaje fue un error. ¡Realmente fuiste aceptado! ¿Cómo te sientes ahora? ¡Eufórico! Lo que creíste antes no reflejaba la verdad, de modo que lo que sentiste no reflejaba la realidad.

Supón que el corredor de propiedades, que sabe que fuiste aprobado, pasara a felicitarte antes que oyeras el segundo mensaje del contestador telefónico. Espera encontrarte rebosante de alegría, pero te encuentra desesperado. "¿Por qué está usted deprimido? Tiene que sentirse feliz". Sus palabras de estímulo no tienen sentido hasta que te dice la verdad acerca del préstamo que solicitaste.

El orden de la Escritura es conocer la verdad, creerla, vivir en conformidad a ella por la fe, y dejar que tus emociones sean el producto de tu confianza en Dios y de tu obediencia a Él. ¿Qué clase de vida llevarías si creyeses lo que sientes en lugar de la verdad? Tu vida sería tan incoherente como tus sentimientos.

Después de la caída, "Jehová dijo a Caín: ¿Por qué te has ensañado, y por qué ha decaído tu semblante? Si bien hicieres, ¿no serás enaltecido? (Génesis 4:6, 7). En el Nuevo Testamento Jesús dice: "Si sabéis estas cosas, bienaventurados seréis si las hiciereis" (Juan 13:17). En otras palabras, tus sentimientos no son el camino para una buena conducta; tu conducta te lleva a tener buenos sentimientos.

NO PASES POR ALTO LAS SEÑALES DE ADVERTENCIA DE TUS EMOCIONES

Cuando joven era deportista y las cicatrices en mis rodillas lo comprueban. La primera operación de la rodilla me cortó un nervio y no sentía nada en esa zona de mi pierna por varios meses. A veces me sentaba a mirar la televisión y, sin pensarlo, ponía la taza con el café caliente sobre mi rodilla insensible. No podía sentir nada, pero después de un rato podía sentir el olor de piel que se estaba quemando. Por un tiempo tuve un claro círculo marrón sobre mi rodilla, resultado de no sentir nada en ese lugar.

Tus emociones son a tu alma lo que tus sentimientos son a tu cuerpo. Nadie con una mente sana disfruta del dolor. Si no sientes dolor, estás en peligro de hacerte daño y adquirir una infección. Si no sientes ira, pesar ni alegría, tu alma debe de estar en problemas. Las emociones son los indicadores de Dios que te dan a conocer lo que pasa en tu interior. No son buenas ni malas; son amorales, parte de tu humanidad. Así como respondes a las advertencias del dolor físico, es necesario que aprendas a responder a los indicadores emocionales.

Alguien ha comparado las emociones con la luz roja en el tablero del auto que indican problemas en el motor. Puedes responder a las luces rojas de diversas maneras. Puedes cubrirla con un trozo de cinta adhesiva. "Ahora no veo la luz roja —dices—, ya no tengo que pensar en el problema". Puedes destrozar la luz con un martillo. "¡Eso te enseñará a encandilarme!" O puedes responder a la luz en la forma que querían los fabricantes y mirar el motor para arreglar el problema.

Tienes las mismas tres opciones para responder a tus emociones. En respuesta puedes cubrirlas, ignorarlas o contenerlas. Esto se llama *supresión*.

Puedes responder desatándolas irracionalmente, descargándolas sobre alguien o lanzando lo que tienes a la mano.

Esto lo llamo *expresión indiscriminada*. Puedes examinar tu interior para ver que te pasa. Eso es *reconocer*.

> **TUS EMOCIONES SON A TU ALMA**
> **LO QUE TUS SENTIMIENTOS**
> **SON A TU CUERPO.**

La cinta de la supresión

Un miembro de nuestra iglesia tenía un hijo que iba a la universidad; estudiaba arquitectura. Durante el tercer año, Doug sufrió algo así como un colapso. Sus padres lo llevaron a casa, pero Doug no mejoraba. No sabían qué hacer. Contra su voluntad lo llevaron a una clínica siquiatrica por tres semanas para observarlo. Doug nunca perdonó a sus padres por llevarlo al hospital.

Lo conocí cuatro años después. Doug estaba irritado, era un joven amargado. Trabajaba media jornada como dibujante, pero básicamente lo sostenían sus padres. Oía voces en su cabeza y dialogaba con ellas. Pasaba mucho tiempo conversando con lo que nadie podía ver. Parecía que nadie podría ayudarle. Sus padres me pidieron que le hablara, y acepté.

Pasé tres meses tratando de ayudar a Doug a que se aceptara a sí mismo y reconociera sus sentimientos. Le pregunté:

—¿Qué sientes hacia tus padres?

—Amo a mis padres —respondió. Doug detestaba a sus padres y sus padres podían sentirlo.

—¿Por qué amas a tus padres? —insistí.

—Porque la Biblia dice que debemos amar a nuestros padres.

Cada vez que sugería la posibilidad de que tuviera rencor hacia sus padres, Doug lo negaba. Finalmente le pregunté:

—¿Estarías de acuerdo conmigo en que es posible que un cristiano sienta la emoción del odio?

—Bueno, quizás algunos sientan así —consintió—, pero no yo.

Aparentemente mi sondeo fue demasiado para Doug, porque nunca volvió a hablarme.

La supresión es una negación consciente de los sentimientos (represión es una negación *in*consciente). Los que suprimen sus emociones ignoran sus sentimientos y prefieren no enfrentarlos. Como lo ilustran las experiencias de Doug y Judy, la supresión es una respuesta no saludable a nuestras emociones.

El rey David dijo algo acerca de los efectos negativos de suprimir sus sentimientos en su relación con Dios:

Mientras callé, se envejecieron mis huesos en mi gemir todo el día... Por esto orará a ti todo santo en el tiempo en que puedas ser hallado; ciertamente en la inundación de muchas aguas no llegarán éstas a él.

Salmo 32:3, 6

David no pide a Dios que lo ponga fuera de nuestro alcance. Cuando las circunstancias extrañas te parecen mayores que Dios, no pasará mucho tiempo antes que tus emociones te venzan. Cuando las emociones suprimidas se acumulan dentro de ti como inundación de muchas aguas, es menos probable que te vuelvas a Dios. Serás arrastrado por tus emociones. Es importante ser honesto delante de Dios mientras puedas, porque si escondes tus sentimientos por mucho tiempo, dominarán lo que impulsa tu vida.

David también comenta el efecto de la supresión sobre las relaciones con otras personas:

Yo dije: Atenderé a mis caminos, para no pecar con mi lengua; guardaré mi boca con freno, en tanto que el impío esté delante de mí. Enmudecí con silencio, me callé aun respecto de lo bueno; y se agravó mi dolor.

Salmo 39:1, 2.

La supresión emocional puede ser una de las razones más importantes de que haya enfermos psicosomáticos. Mientras David calló su pecado, "se volvió su verdor como sequedades de verano" (32:4). Nunca sepultas tus sentimientos muertos; los sepultas vivos y salen a la superficie de alguna manera que no es saludable. La supresión de tus emociones lleva a una comunicación deshonesta y no es físicamente saludable.

El martillo de la expresión indiscriminada

Otra manera poco saludable de responder a las emociones es expresar sin pensar lo que sientes. Decirle indiscriminadamente a otra persona y a todos exactamente lo que sientes es generalmente poco saludable para la otra persona. El apóstol Pedro es un gran ejemplo. Pedro era el John Wayne del Nuevo Testamento: el que cierra de golpe las puertas. No tenía problemas para decirle a otro lo que había en su mente o lo que sentía. Me gusta decir que era el apóstol cojo, porque siempre llevaba un pie en la boca.

La expresión indiscriminada de sus emociones hizo que Pedro se metiera en problemas más de una vez. En un momento hace la confesión más grande de todos los tiempos: "Tú eres el Cristo, el Hijo del Dios viviente" (Mateo 16:16). Poco más tarde, Pedro le dice a Jesús que nunca pase lo que ha dicho, y Jesús tiene que reprenderlo: "Quítate de delante de mí, Satanás" (vv. 22, 23).

Fue Pedro quien se equivocó en el Monte de la Transfiguración al sugerir que hiciera tres cabañas en honor a Moisés, Elías y el Maestro. Pedro, impulsivamente, cortó la oreja del siervo de Caifás durante el arresto de Jesús en Getsemaní. También Pedro prometió seguir a Jesús hasta la muerte. Horas más tarde juró que no lo conocía. El hecho que llegara a ser el portavoz de la iglesia

primitiva es evidencia de la poderosa transformación efectuada
por el Espíritu Santo.

La expresión indiscriminada de las emociones puede ser un
tanto saludable para ti, pero generalmente es poco saludable para
los que te rodean. "Estoy contento de haber sacado esto de dentro
de mí", podrías decir después de una explosión. Sin embargo, en el
proceso has destruido a tu esposa, o a tu marido, y a tus hijos.

Santiago advierte: "Todo hombre sea pronto para oír, tardo
para hablar, tardo para airarse; porque la ira del hombre no obra
la justicia de Dios" (Santiago 1:19, 20). Pablo amonesta: "Airaos,
pero no pequéis" (Efesios 4:26). Si deseas airarte sin pecar, áirate de
la manera que Cristo lo hizo: áirate contra el pecado. Voltea las
mesas, no a los cambistas.

La franqueza del reconocimiento

Nancy era estudiante en otra ciudad y vino a Los Ángeles para
conversar conmigo sobre las difíciles relaciones que tenía con su
madre. Terminamos hablando más acerca de la incapacidad de
Nancy de expresar su ira y resentimiento en esta relación.

—Mi compañera de habitación a veces llega al punto en que
explota emocionalmente para dejar escapar la presión. Yo también tengo sentimientos profundos, pero no creo que un cristiano
deba descargar de esa manera la presión que siente.

Abrí mi Biblia en el Salmo 109 y le leí los siguientes versículos:

*Oh Dios de mi alabanza, no calles; porque boca de impío y
boca de engañador se han abierto contra mí; han hablado de
mí con lengua mentirosa; con palabras de odio me han rodeado, y pelearon contra mí sin causa. En pago de mi amor
me han sido adversarios; mas yo oraba. Me devuelven mal
por bien, y odio por amor.*

*Pon sobre él al impío, y Satanás esté a su diestra. Cuan-
do fuere juzgado, salga culpable; y su oración sea para pecado. Sean sus días pocos; tome otro su oficio. Sean sus hijos*

huérfanos, y su mujer viuda. Anden sus hijos vagabundos, y mendiguen; y procuren su pan lejos de sus desolados hogares. Que el acreedor se apodere de todo lo que obtiene, y extraños saqueen su trabajo. No tenga quien le haga misericordia, ni haya quien tenga compasión de sus huérfanos. Su posteridad sea destruida; en la segunda generación sea borrado su nombre (vv. 1-13).

—¿Qué hace eso en la Biblia? —murmuró—. ¿Cómo podía David pedir todos esos males para su enemigo? ¿Cómo podía hablar a Dios de esa manera? Eso es puro odio.

—Las palabras de David no sorprenden a Dios —respondí—. Dios ya sabía lo que David pensaba y sentía. David simplemente expresa su dolor y su ira en forma honesta a su Dios que entendía su sentir y lo aceptaba como era.

Después de pensar unos momentos, Nancy preguntó:

—¿Significa eso que está bien lo que hago?

—¿Qué es lo que haces?

—Bueno —dijo, mostrándose un poco avergonzada—, cuando la presión sube en mi interior, me subo al auto y salgo. Lloro, grito y pateo. Cuando regreso al dormitorio me siento mucho mejor.

Alenté a Nancy diciéndole que si descargaba su resentimiento e ira delante de Dios, probablemente no lo haría contra su compañera de pieza ni contra su madre de una forma destructiva. Además le recordé que David fue honesto en su necesidad de Dios al expresar sus sentimientos. Termina el salmo pidiendo: "Ayúdame, oh Jehová, Dios mío... Yo alabaré a Jehová en gran manera con mi boca (vv. 26, 30).

Pienso que el modo en que David y Nancy reconocieron sus sentimientos es sano. Quizás en los momentos de tensión emocional tus oraciones no sean muy nobles, pero son reales y honestas delante de Dios. Si llegas a tu período de oración y te sientes irritado, deprimido o frustrado, y luego tu boca lanza un atado de piadosas perogrulladas como si Dios no conociera tus sentimientos, ¿piensas que Él se sentirá complacido? No, a menos que haya cambiado su opinión acerca de la hipocresía desde los tiempos de los fariseos. Los fariseos trataban de parecer exteriormente correctos mientras estaban lejos de estar bien en su interior. No eran reales; eran farsantes.

Jesús dijo a sus discípulos: "Si vuestra justicia no fuere mayor que la de los escribas y fariseos, no entraréis en el reino de los cielos" (Mateo 5:20). Ante los ojos de Dios, si no eres real, no estás bien. Si es necesario, Dios tendrá que hacerte real para que estés en buena relación con Él.

ANTE LOS OJOS DE DIOS, SI NO ERES REAL, NO ESTÁS BIEN. SI ES NECESARIO, DIOS TENDRÁ QUE HACERTE REAL PARA QUE ESTÉS EN BUENA RELACIÓN CON ÉL.

El reconocimiento de tus emociones como persona real es esencial para las relaciones más íntimas. No debes descargar tu presión ante cualquier persona. Esa es una expresión indiscriminada y corres el riesgo de perjudicar a otros en lugar de ayudarte a ti mismo —y eso es malo. El modelo bíblico parece sugerir que tienes tres amigos con los que puedes comunicarte con detenimiento. Durante sus viajes, Pablo tenía a Bernabé, a Silas o a Timoteo con quienes podía conversar. En el huerto de Getsemaní, Jesús expresa su dolor delante de su círculo íntimo formado por Pedro, Jacobo y Juan.

Los psicólogos nos dicen que es difícil que la gente conserve la salud mental si no tienen por lo menos una persona con quien puedan ser emocionalmente honestas. Si tienes dos o tres personas como estas en tu vida, tienes una verdadera bendición.

HONESTIDAD EMOCIONAL: CÓMO EXPRESARLA Y CÓMO TOMARLA

En los comienzos de mi ministerio pastoral, recibí una de esas llamadas de medianoche que aterran a todo pastor: "Pastor, nuestro hijo ha sufrido un accidente. No hay esperanzas de que viva. Por favor, ¿podría venir al hospital?"

Llegué al hospital a la una de la mañana. Me senté con los padres en la sala de espera pidiendo al Señor lo mejor, pero esperando lo peor. A eso de las cuatro de la mañana, el doctor entró en la sala de espera y dijo: "Lo perdimos".

Estábamos desconsolados. Me sentía tan cansado y emocionalmente agotado que en vez de darles palabras de consuelo, me senté y lloré con ellos. No se me ocurría qué podía decir. Nunca me he sentido tan estúpido en mi vida. Pensé que le había fallado a esa familia en su hora más negra.

Poco después del accidente los padres del joven accidentado se mudaron. Cinco años después pasaron por la iglesia y me invitaron a almorzar. "Neil, nunca olvidaremos lo que hiciste por nosotros cuando murió nuestro hijo —dijeron—. No necesitábamos palabras; necesitábamos amor. Supimos que nos amabas porque lloraste con nosotros".

Al mirarlo desde la distancia, comprendí que había hecho lo que Jesús habría hecho. Lloré con los que lloran. Cuando las llorosas Marta y María lo recibieron con la noticia de la muerte de Lázaro, Jesús lloró (Juan 11:35). Pablo ordena: "Gozaos con los que se gozan, y llorad con los que lloran" (Romanos 12:15). Se supone que no debemos dar instrucciones a los que lloran.

Uno de los desafíos que nos presenta la vida es aprender a responder ante los demás cuando reconocen honestamente su dolor. Job estaba dolido cuando dijo a sus tres amigos que eran una pobre ayuda: "¿Pensáis censurar palabras, y los discursos de un desesperado, que son como el viento?" (Job 6:26). No debiéramos dar importancia a lo que la gente dice en medio de su extremo dolor.

Tenemos que responder al dolor, no a las palabras que lo expresan. En muchos casos ignoramos los sentimientos que hieren a la persona y nos fijamos en sus palabras de desesperación y luego reaccionamos ante lo que dice o a la forma en que lo dicen.

Por ejemplo, supongamos que una pareja cristiana que conoces pierde su bebé. Vencidos por el dolor, preguntan: "Oh, ¿por qué Dios hizo esto?" No tienes que responder esa pregunta. Primero, no sabes la respuesta. Segundo, su pregunta es una reacción emocional, no una interrogante intelectual. Todas sus palabras sólo revelan la intensidad de su dolor. Responde a su dolor emocional con empatía. Ya habrá tiempo para dar respuestas teológicas cuando el dolor emocional de su trágica pérdida haya menguado.

Aunque las palabras no debieran ser el centro principal en el reconocimiento emocional, puedes cuidar tus relaciones íntimas observando cómo expresas tus emociones ante los demás. Por ejemplo, has tenido un día terrible en la oficina; llamas a tu esposa y le dices: "Querida, he tenido un día de perros. No podré llegar a casa sino hasta las seis, y tengo una reunión en la iglesia a las siete. Podrías tener lista la cena cuando llegue?" Ella asiente verbalmente.

Cuando llegas a la puerta de tu casa, estás agotado físicamente y emocionalmente tenso. En la escala emocional de 1-10, estás en el 9. Entonces te das cuenta que tu esposa no tiene preparada la cena como le pediste. "¡Esto no puede ser! —explotas—, yo quería la cena a las seis. ¡Por eso te llamé!"

¿Es tu esposa realmente la causa de tu explosión emocional? No. Has tenido un día terrible y estás cansado, hambriento y tenso desde antes de llegar a casa. Ella no tiene la culpa. Cualquier cosa podía hacerte explotar. Con la misma facilidad podrías haber dado un puntapié al perro. Quieres ser franco con tu esposa y acreditarlo a honestidad emocional.

No olvides el amor en tu deseo de ser honesto. Al saber que la cena no está lista como lo pediste, podrías decir: "Querida, estoy física y emocionalmente agotado". Ese tipo de honestidad no dirigida cumple dos objetivos.

Primero, al no culpar a tu esposa no tendrá que defenderse. Ella sabe que no estás enojado con ella. Segundo, como no tendrá que defenderse tiene libertad para ayudarte en tu necesidad. Ella puede decir: "La comida estará en diez minutos. Mientras tanto anda al baño y relájate. Procuraré que llegues a tiempo a tu reunión".

Supón que tú eres la esposa y has tenido un día muy agitado en casa. Tu marido llega silbando una alegre tonada y pregunta si está lista la cena. "¿Qué quieres decir con eso de está lista la cena? —explotas—. "¿Piensas que todo lo que tengo que hacer es cocinar para ti? He cargado con los niños todo el día y..." Sí, eso es honestidad emocional, pero estás ardiendo en llamas y vas a arrastrar a tu marido contigo.

Más bien puedes decir: "Querido, ha sido terrible. La lavadora de ropa se descompuso y los niños han tenido una conducta aterradora. Ya no soporto más". La honestidad que no va dirigida contra nadie permite que tu marido no tenga que defenderse y abre una vía para que diga: "¡Atención todos! Nos vamos a comer a MacDonald".

Cuando llega el momento de reconocer las emociones en tu círculo íntimo, la honestidad es la mejor política, pero asegúrate de hablar "verdad con amor" (Efesios 4:15).

Otra importante directriz para reconocer y expresar tus emociones es conocer tus limitaciones. Fíjate que si estás en siete u ocho en tu escala emocional —ansioso, tenso, irritado, deprimido— no es tiempo para tomar decisiones sobre asuntos importantes. Tus emociones pueden impulsarte a resolver aquello que te molesta, pero podrías arrepentirte de tu resolución si presionas demasiado. Dirás cosas de las que te arrepentirás. Alguien sale perjudicado. Es mucho mejor que reconozcas tus limitaciones emocionales y digas: "Si seguimos hablando me voy a enojar. ¿Podríamos seguir esta conversación en otro momento?"

Tienes que comprender, además, que una cantidad de factores físicos afectarán tus limitaciones emocionales. Si tienes hambre, posterga para después de la cena una discusión potencialmente cargada de emoción. Si estás cansado, procura tener un buen sueño nocturno. Las mujeres deben estar atentas a ciertos momentos del mes que conducen más a la expresión positiva de sus emociones que otros. Los maridos deben entender con sabiduría el ciclo menstrual de su esposa por la misma razón.

El importante proceso de renovar la mente incluye la administración de tus emociones por la administración de tus pensamientos y percepciones y por el reconocimiento honesto y amoroso de tus sentimientos en tu relación con otras personas. Una respuesta adecuada a tus emociones es un paso importante para evitar que el diablo tenga influencia en tu vida.

Capítulo 11

Sanidad de las heridas emocionales del pasado

Dan y Cindy eran una joven pareja cristiana que se preparaban para servir en el campo misionero. Entonces los golpeó la tragedia. Ella fue violada por un desconocido en el estacionamiento al salir del trabajo. La policía no logró dar con el violador, y Cindy pasó momentos muy difíciles tratando de borrar la traumática experiencia. La pesadilla fue tan grande, que se mudaron de la comunidad donde el hecho ocurrió. Aunque se esforzó por volver a la vida normal, Cindy no se pudo deshacer de los horribles recuerdos y sentimientos de su experiencia.

Seis meses después de la violación, Dan y Cindy asistieron a una iglesia donde yo tenía una conferencia. Durante la conferencia, Cindy me llamó por teléfono, estaba llorando:

—Neil, no puedo superar esto. Yo sé que Dios hace que todas las cosas ayuden a bien a los que le aman (Romanos 8:28), pero ¿cómo puede Él hacer que una violación sea una cosa buena? Cada vez que pienso en eso me pongo a llorar.

—Cindy, creo que no has entendido bien el versículo —le dije—. Dios hará que esto obre para tu bien, pero esto no hace que las cosas malas se conviertan en buenas. Lo que te ocurrió es malo, muy malo. Dios permitirá que salgas de la crisis como una mejor persona.

—Pero yo no puedo separarme de mi experiencia —sollozó—. Me violaron, Neil, y seré victima de ellos por el resto de mi vida.

—Cindy, la violación fue una horrible tragedia y ha alterado temporalmente tus planes, pero no ha cambiado lo que eres; eso no tiene que controlar tu vida. Pero, si por el resto de tu vida sólo te ves como la víctima de una violación, nunca superarás la tragedia. Eres hija de Dios. Ninguna circunstancia ni persona, bueno o malo te puede quitar esto.

»Cindy, deja que ilustre lo que trato de decirte. Supón que estás en casa cuando alguien se acerca en un vehículo y arroja algo contra la casa. Causa algún daño a la fachada, pero no logras descubrir quién fue. ¿Por cuánto tiempo dejarías que ese incidente te molestara? —pregunté.

—Bueno, no por mucho tiempo —respondió Cindy.

—Supongamos que el objeto entró por la ventana y dañó un mueble fino, y no descubres quién lo hizo. ¿Por cuánto tiempo permitirías que eso te preocupe? —le pregunté.

—Probablemente no por mucho rato.

—Supón que el objeto te golpea y te fractura un brazo. ¿Por cuánto tiempo permitirías que eso te preocupe?

Si siguiera haciendo la tragedia un poco peor cada vez, ¿llegaría a un punto en que uno puede decir: "Esto es el colmo. Eso traspasó la línea y me preocupará el resto de mi vida". Desde la perspectiva de Dios, no creo que exista ese punto. No creo que Dios quiera que haya algo en nuestro pasado que asuma el control de sus hijos. Dios no arregla nuestro pasado, pero nos libra de él.

A LOS BUENOS LES OCURREN
COSAS MALAS

Quizás tu historia no sea tan grave como la de Cindy, pero todos hemos tenido alguna experiencia dañina, traumática en el pasado que nos ha marcado emocionalmente. Quizás hayas sido criado por un padre física, emocional y sexualmente abusivo. Puedes haber pasado un susto muy grande siendo niño. Quizás hayas sufrido una relación dolorosa en el pasado: una amistad rota, muerte prematura de un ser querido, un divorcio. Los hechos traumáticos, no importa la cantidad, pueden dejar en ti una pesada carga emocional. Tales experiencias han sido sepultadas en tu memoria y están disponibles para recordarlas al instante.

Por ejemplo, has reaccionado emocionalmente ante el tema de la violación al leer la historia de Cindy al comienzo de este capítulo. Si tú, o un ser querido, hubieran sido recientemente violados, la sola lectura de la historia te habría puesto en 8 ó 9 en la escala emocional de 10 puntos. Sentirías inmediatamente un acceso de ira, odio, temor o justa indignación. Sin embargo, si sólo has leído acerca de víctimas de una violación, pero nunca has conocido a una víctima ni has sido tú la víctima, tu respuesta podría ser del orden de 2 ó 3 en la escala emocional.

Algo tan sencillo como un nombre puede provocar una respuesta emocional. Si tu bondadoso abuelo se llamaba Bill, probablemente tendrás una reacción emocional ante otros que llevan el mismo nombre. Sin embargo, si tenías un profesor que era un tirano, o si el matón de la escuela se llamaba Bill, tu reacción inicial ante esos Bill probablemente sería negativa. Si tu esposa dijera, "pongámosle Bill a nuestro primer hijo", es probable que tu reacción fuera: "Sobre mi cadáver".

A los efectos residuales de los traumas del pasado los llamo *emociones primarias*. La intensidad de tus emociones primarias la determina la historia de tu vida. Mientras más traumática tu experiencia, más intensa será tu emoción primaria. Nótese la secuencia:

Historia de tu vida

(Determina la intensidad de tus emociones primarias)

Hecho actual

(Desata las emociones primarias)

Emoción primaria

Evaluación mental

(Etapa de administración)

Emoción secundaria

(Resultado de tu proceso mental y
tu emoción primaria)

Muchas de estas emociones primarias yacen adormecidas dentro de ti y tienen poco efecto sobre tu vida hasta que algo las desata. ¿Has iniciado un tema de conversación que ha inquietado a alguien y atormentado lo ha hecho salir de la habitación? *¿Qué fue lo que lo hizo salir?*, te preguntas. Lo "hizo salir" el tema de tu conversación. Tocaste justo la tecla que lo conectó con el pasado. El solo toque del centro emocional llenará de lágrimas los ojos de una persona. El disparador es cualquier hecho presente que pueda asociarse con conflictos del pasado.

Por ejemplo, una dama me dijo:

—Cada vez que oigo una sirena, tiemblo.

—¿Desde cuándo le pasa eso? —pregunté.

—Desde hace unos diez años —respondió.

—¿Qué fue lo que pasó hace diez años? —pregunté.

—Me violaron —dijo.

Obviamente cuando fue víctima de la violación oyó la sirena y diez años después el sonido de la sirena le provoca una respuesta emocional.

La mayor parte de la gente trata de controlar sus emociones primarias eludiendo a las personas o hechos que las despiertan. "Yo no voy si él va a estar allí". "No puedo ver ese tipo de película, porque se parece mucho a mi hogar". "No quiero hablar de eso".

El problema es que no te puedes aislar completamente de todo lo que despierte en ti una respuesta emocional. Inevitablemente verás en la televisión u oirás algo en una conversación que te hará recordar una experiencia desagradable. Hay algo en tu pasado que no ha sido resuelto y en consecuencia aún te tiene prisionero.

CÓMO RESOLVER LAS EMOCIONES PRIMARIAS

No tienes control sobre tus emociones primarias cuando se desatan en el presente, porque están arraigadas en el pasado. Por lo tanto, no es bueno que te sientas culpable por algo que no puedes controlar. Sin embargo, puedes estabilizar una emoción primaria evaluándola a la luz de las circunstancias presentes. Por ejemplo, supón que conoces a un hombre llamado Bill. Se parece al Bill que solía pegarte cuando eran niños. Aunque no es la misma persona, se desatará tu emoción primaria. Entonces rápidamente te dices: "Este no es el mismo Bill; dale el beneficio de la duda". Esta evaluación mental produce una *emoción secundaria* que es una combinación del pasado y el presente.

Has hecho esto miles de veces, y has ayudado a otros a que hagan lo mismo. Cuando la gente pierde los estribos, tratas de ayudarles con una conversación que los calme. Les ayudas a recuperar el control haciéndolos pensar, haciendo que la situación presente tome su verdadera perspectiva.

Observa cómo ocurre esto la próxima vez que viendo un partido de fútbol los ánimos se caldeen en la cancha. Un jugador toma al compañero de equipo que está irritado y dice: "Mira, Raúl, si no te controlas esto te puede costar una tarjeta amarilla o la expulsión de la cancha y vamos a perder el partido". Quiere que su compañero de equipo recupere su control.

Algunos cristianos afirman que el pasado no tiene efecto sobre ellos porque son nueva criatura en Cristo. Yo tendría que discrepar. O son muy afortunados de tener un pasado sin conflictos o viven una negación. Los que tienen grandes traumas y han aprendido a resolverlos en Cristo saben lo demoledoras que son las experiencias del pasado.

La mayoría de las personas a quienes he aconsejado tenían importantes traumas del pasado. Algunos han sufrido abusos en tal medida que no tienen una memoria consciente de sus experiencias. Otros eluden constantemente todo lo que estimule esos recuerdos dolorosos. La mayoría no sabe resolver las experiencias del pasado, de modo que han producido múltiples mecanismos de defensa para hacerles frente. Algunos viven desmintiendo, otros racionalizan sus problemas o tratan de suprimir el dolor por medio de un exceso de comida, por medio de las drogas o el sexo.

Un papel importante de la psicoterapia es determinar la raíz de las emociones primarias. A veces los psicoterapeutas recurren a la hipnosis o a la terapia con drogas para descubrir la fuente del problema de sus clientes. Personalmente soy contrario a los programas inducidos con drogas o del uso de la hipnosis para restaurar una memoria reprimida. Tales métodos eluden el entendimiento del cliente e ignoran la presencia de Dios. Sólo Dios puede dar libertad al cautivo y vendar los corazones quebrantados. Él es el maravilloso Consolador.

La respuesta para la memoria reprimida se encuentra en el Salmo 139:23, 24: "Examíname, oh Dios, y conoce mi corazón; pruébame y conoce mis pensamientos; ve si hay en mí camino de perversidad, y guíame en el camino eterno". Dios conoce los daños ocultos que hay en ti y que tú no puedes ver. Cuando pides a Dios que escudriñe tu corazón, Él saca a la luz las zonas oscuras de tu pasado y las revela en el momento oportuno. El Espíritu Santo "os guiará a toda verdad" (Juan 16:13), y esa verdad te hará libre (Juan 8:31,32).

MIRA TU PASADO A LA LUZ DE LO QUE ERES EN CRISTO

¿Cómo quiere Dios que resuelvas las experiencias del pasado? De dos maneras. Primero, comprende que ya no eres producto de tu pasado. Eres nueva criatura en Cristo: un producto de Cristo en la cruz. Tienes el privilegio de evaluar tu experiencia del pasado a la luz de lo que eres hoy, en oposición a lo que eras entonces. La intensidad de la emoción primaria fue establecida por la percepción de los hechos en el momento que ocurrieron. Las personas no son esclavas de los traumas del pasado. Son esclavos de las mentiras que han creído acerca de sí, acerca de Dios y del modo de vivir como resultado del trauma. Por eso la verdad te hace libre (véase Juan 8:31, 32).

Como cristiano, eres literalmente una nueva criatura en Cristo. Las cosas viejas, incluidos los traumas del pasado, pasaron (2 Corintios 5:17). Tu viejo hombre "en Adán", pasó; la nueva criatura "en Cristo" ha llegado para quedarse. Todos hemos sido víctimas, pero si seguimos siendo víctimas depende de nosotros. Las emociones primarias están arraigadas en mentiras que creímos en el pasado. Ahora podemos ser transformados por la renovación de nuestro entendimiento (Romanos. 12:2). Los moldes carnales aún están incrustados en nuestra mente cuando llegamos a ser nueva criatura en Cristo, pero nosotros podemos crucificar la carne y decidirnos por andar en el Espíritu (Gálatas 5:22-25).

Ahora que estás en Cristo puedes considerar los hechos del pasado desde la perspectiva de lo que eres en el presente. Quizás te preguntes: "¿Dónde estaba Dios cuando ocurría todo eso?" El Dios omnipresente estaba allí y envió a su Hijo para redimirte de tu pasado. Lo cierto es que Él está en tu vida ahora para liberarte de tu pasado. Eso es el evangelio, las buenas nuevas que Cristo vino a liberar a los cautivos. La percepción de aquellos sucesos desde la perspectiva de tu nueva identidad en Cristo es lo que inicia el proceso de curación de las emociones dañadas.

Una apreciada misionera cristiana que conozco sufría con su pasado porque descubrió con horror que su padre practicaba la homosexualidad. Le pregunté: —Ahora que sabes eso acerca de tu padre, ¿cómo afecta tu herencia?

Ella comenzó a responder con referencia a su herencia natural, luego se detuvo abruptamente. Repentinamente comprendió que nada había cambiado en su verdadera herencia en Cristo. Sabido esto, ella pudo enfrentar los problemas de su familia terrenal sin ser emocionalmente abrumada por ellos. Su alivio vino cuando comprendió el grado de seguridad que disfrutaba en su relación con Dios, su verdadero Padre. Las emociones resultantes reflejaban la realidad porque ella creyó de sí misma lo que correspondía a la verdad.

PERDONA A LOS QUE TE HAN PERJUDICADO EN EL PASADO

El segundo paso para resolver los conflictos pasados es perdonar a los que te han ofendido. Después de animar a Cindy para tratar el trauma emocional de la violación, le dije:

—Cindy, es necesario que perdones al hombre que te violó.

Su respuesta, típica de muchos creyentes que han sufrido dolores físicos, sexuales o emocionales de parte de otros, fue.

—¿Por qué debo perdonarlo? Parece que no entiendes todo el daño que me hizo.

Quizás te hagas la misma pregunta. ¿Por qué debo perdonar a los que me han dañado en el pasado?

Primero, Dios requiere el perdón. Después de decir Amén en el Padre Nuestro —que incluía una petición del perdón de Dios— Jesús comentó: "Porque si perdonáis a los hombres sus ofensas, os perdonará también a vosotros vuestro Padre celestial; mas si no perdonáis a los hombres sus ofensas, tampoco vuestro Padre os perdonará vuestras ofensas" (Mateo 6:14,15). Nuestra relación con los demás debemos basarlas en los mismos criterios en que Dios basa su relación con nosotros: amor, aceptación y perdón (Mateo 18:21-35).

Segundo, el perdón es necesario para las trampas de Satanás. En mis consejerías he descubierto que la falta de perdón es la avenida principal que Satanás usa para entrar en la vida del creyente. Pablo nos exhorta que perdonemos "para que Satanás no gane ventaja alguna sobre nosotros; pues no ignoramos sus maquinaciones" (2 Corintios 2:11). He tenido el privilegio de ayudar a encontrar la libertad en Cristo a personas de todo el mundo. En cada caso, el perdón era un problema y en muchos casos era *el* tema que había que resolver.

NUESTRA RELACIÓN CON LOS DEMÁS DEBEMOS BASARLA EN LOS MISMOS CRITERIOS EN QUE DIOS BASA SU RELACIÓN CON NOSOTROS: AMOR, ACEPTACIÓN Y PERDÓN.

Tercero, el perdón se requiere de todos los creyentes que desean ser como Cristo. Pablo escribe: "Quítense de vosotros toda amargura, enojo, ira, gritería y maledicencia, y toda malicia. Antes sed benignos unos con otros, misericordiosos, perdonándoos unos a otros, como Dios también os perdonó a vosotros en Cristo" (Efesios 4:31,32).

¿En qué consiste el perdón?

Perdonar no es olvidar. El olvido puede ser un subproducto del perdón a largo plazo, pero no es el medio para perdonar. Cuando Dios dice que no se acordará más de nuestros pecados (Hebreos 10:17), no dice: "Olvidaré". Él es omnisciente, no puede olvidar. Más bien, nunca usará el pasado contra nosotros. Lo apartará de nosotros cuan lejos está el oriente del occidente (Salmo 103:12).

El perdón no significa que debes tolerar el pecado. Una joven esposa y madre que asistió a una de mis conferencias me dijo que trataba de perdonar a su madre por la continua manipulación y condenación. Con lágrimas continuó: —Supongo que esta noche la puedo perdonar, pero, ¿qué debo hacer cuando la vea la próxima semana? Ella no cambia. Sin duda tratará de interponerse entre mí y mi familia como siempre lo hace. ¿Tengo que dejar que ella siga arruinando mi vida?

No, perdonar no significa que debas constituirte en el limpia pies de los continuos pecados de esa persona. La estimulé para que se confrontara con su madre con firmeza, pero con amor, y le dijera que ya no iba a tolerar la manipulación destructiva. Es bueno perdonar los pecados del pasado a los demás, y al mismo tiempo ponerse en guardia contra los pecados futuros.

Perdonar no busca la venganza ni demanda el pago por las ofensas sufridas. "Quieres decir que debo descolgarlos", preguntas. Sí, descuélgalos de tu anzuelo, entendiendo que Dios no los descolgará del suyo. Puedes sentirte como que estás haciendo justicia, pero no eres un juez imparcial. Dios es el juez justo que finalmente hará todo en forma justa. "Mía es la venganza, yo pagaré, dice el Señor (Romanos 12:19). "Pero, ¿dónde está la justicia?" preguntan las víctimas. En la crucifixión de Cristo. Cristo murió una vez para siempre (Romanos 6:10). Murió por nuestros pecados, por los tuyos, por los de ella, por los míos.

Perdonar es resolverse a vivir con las consecuencias de los pecados de los demás. En realidad, tendrás que vivir con las consecuencias de los pecados del ofensor sea que lo perdones o no. Por ejemplo, supón que alguien en la iglesia te dice: "He hecho comentarios en tu contra por todo el pueblo. ¿Me perdonas?" No puedes recoger esos cometarios, como no puedes volver a meter la pasta de dientes en el tubo. Tendrás que vivir con las consecuencias del pecado de otros. Todos vivimos con las consecuencias del pecado de Adán. La única opción real es vivir con sus consecuencias en amarga esclavitud o en la libertad del perdón.

Doce pasos hacia el perdón

La víctima puede decir: "No puedo perdonarlos. No sabes cuánto daño me han hecho". El problema es que todavía te están dañando. ¿Cómo detener el dolor? El perdón es lo que nos libera del pasado. Lo que se gana con el perdón es la libertad. No sanas para perdonar. Perdonas para sanar. Perdonar es dejar en libertad al cautivo y luego entender que tú mismo eras el cautivo. No perdonas a los demás para el bien de ellos; lo haces por tu bien. Quizás los que tú perdones nunca se den cuenta que has decidido dejarlos fuera de tu anzuelo. El perdón es la fragancia que queda en el pie que pisó la violeta.

NO PERDONAS A LOS DEMÁS PARA EL BIEN DE ELLOS; LO HACES POR TU BIEN.

A continuación hay doce pasos que puedes usar en el proceso de perdonar de corazón a los demás. Si sigues estos doce pasos podrás desencadenarte del pasado y seguir adelante con tu vida:

1. Pide al Señor que te revele a qué personas tienes que perdonar. Luego escribe en una hoja los nombres de quienes te han ofendido. De los centenares de personas que han hecho esta lista en mi oficina de consejería, 95% puso al papá y a la mamá como números uno y dos. Tres de cada cuatro nombres que ocupan el primer lugar en la mayoría de las listas son familiares cercanos. Al hacer la lista las dos personas olvidadas son Dios y tú mismo. Respecto de tu relación con Dios, solo Él puede perdonar tus pecados, y Él nunca ha pecado. No siempre hemos aceptado su perdón, y a veces tenemos amargura contra Dios porque hemos tenido falsas expectativas de Él. Tenemos que liberar a Dios de esas falsas expectativas y recibir el perdón de Dios.

2. Reconoce el daño y el odio. Mientras elaboras la lista de personas que necesitas perdonar, declara específicamente qué les

perdonas (por ejemplo, rechazo, falta de amor, injusticia, falta de equidad, abuso físico, verbal, sexual o emocional, traición, abandono, etcétera). Además, declara cómo te hicieron sentir las ofensas. Recuerda: no es pecado reconocer la realidad de tus emociones. Dios sabe exactamente cómo te sientes, sea que lo reconozcas o no. Si sepultas tus sentimientos eludirás la posibilidad de perdón. Debes perdonar de todo corazón.

3. Comprende el significado de la cruz. La cruz de Cristo hace que el perdón sea legal y moralmente justo. Jesús cargó con el pecado del mundo, incluidos los tuyos y los de las personas que te han ofendido, y lo hizo de una vez para siempre (Hebreos 10:10). El corazón clama: "No es justo. ¿Dónde está la justicia?" Está en la cruz.

4. Decide que llevarás la carga del pecado de cada persona (Gálatas 6:1, 2). Esto significa que no te vengarás en el futuro utilizando contra ellos la información que tienes acerca de su pecado (Proverbios 17:9; Lucas 6:27-34). Todo verdadero perdón es substitutivo, como lo fue el perdón de Cristo para nosotros. Eso no significa que toleras el pecado o te niegues a testificar en un tribunal. Quizás debas hacer eso para que prevalezca la justicia. Asegúrate primero que has perdonado a esa persona de todo corazón.

5. Decide perdonar. El perdón es una crisis de la voluntad, una decisión consciente de sacar a la otra persona del anzuelo y liberarte del pasado. Quizás no sientas deseos de hacerlo, pero es bueno por tu bien. Si Dios dice que perdones de corazón, ten por seguro que Él te ayudará. La otra persona puede estar en el error y estar sujeta a la disciplina de la iglesia o bajo una acción legal. Esa no es tu preocupación principal. Tu primera preocupación es recibir la libertad de tu pasado y detener el dolor. Haz esta decisión ahora; tus sentimientos de perdón vendrán con el tiempo.

6. Presenta tu lista a Dios y ora como sigue: "Perdono a (*nombre*) por (*lista de las ofensas y cómo te sentiste*)". No pases a la siguiente persona de la lista hasta que hayas recordado y presentado específicamente cada dolor. Eso incluye todo pecado de comisión o

de omisión. Si has sentido amargura contra esa persona por algún tiempo, debes buscar un consejero cristiano o un amigo de confianza para que te ayude en el proceso. No digas: "Quiero perdonar de esta manera" o "que el Señor me ayude a perdonar de esta o aquella manera". Eso es eludir tu responsabilidad y decisión de perdonar.

7. Destruye la lista. Ahora eres libre. No digas a los ofensores lo que hiciste. La necesidad de perdonar a los demás es un asunto entre tú y Dios solamente. La persona a quien necesitas perdonar podría ya estar muerta. El perdón podría conducirte a la reconciliación con algunos, pero que ello ocurra no depende enteramente de ti. Tu libertad en Cristo no puede depender de terceros a quienes no tienes el derecho ni la capacidad de controlar.

8. No esperes que tu decisión de perdonar resulte en cambios importantes en la otra persona. Más bien ora por ellos (Mateo 5:44) para que también encuentren la libertad de perdonar (2 Corintios 2:7).

9. Trata de entender a las personas que has perdonado, pero no racionalices su conducta. Eso podría llevar a un perdón incompleto. Por ejemplo, no digas: "Perdono a mi padre porque sé que él realmente no tenía esa intención". Eso sería excusarlo y eludir tu dolor y la necesidad de perdonarlo de corazón.

10. Espera resultados positivos del perdón en ti. Con el tiempo aprenderás a pensar en las personas sin que te despierten emociones primarias. Eso no significa que te gustarán los que son abusivos. Significa que estás libre de ellos. Los antiguos sentimientos pueden tratar de reciclarse. Cuando eso ocurre, detente y da gracias a Dios por su provisión y no vuelvas a acoger las antiguas ofensas. Ya las trataste; déjalas ir.

11. Da gracias a Dios por las lecciones aprendidas y la madurez alcanzada como resultado de las ofensas y por su decisión de perdonar a los ofensores (Romanos 8:28, 29).

12. Acepta la parte de culpa que te corresponde por las ofensas sufridas. Confiesa tu falta ante Dios y a los demás (1 Juan 1:9) y comprende que si hay alguien que tiene algo contra ti, debes ir ante esa persona y reconciliarte (Mateo 5:23-26).

Un segundo toque

Una de las principales crisis personales que he enfrentado en mi ministerio gira alrededor del problema del perdón y un miembro de la junta que llamaré Calvin. No podía dejar de pensar en este hombre, así que le pregunté si podíamos reunirnos semanalmente. Mi única meta era establecer una relación significativa con él.

Unos cuatro meses después que Calvin y yo comenzamos a reunirnos, propuse a la junta la posibilidad de dirigir un grupo de la iglesia en una visita a Jerusalén. Calvin levantó la mano. "Estoy en contra; como director del viaje, el pastor va a ir gratis, y eso equivale a darle una gratificación en dinero". Después de asegurar a Calvin y a la junta que yo pagaría mis gastos y que usaría mi período de vacaciones, ellos aprobaron.

A pesar de la carga de mi corazón por mi conflicto con Calvin, el viaje a Israel fue una maravillosa experiencia espiritual para mí. Uno de mis días libres en Jerusalén, pasé varias horas a solas en la Iglesia de Todas las Naciones derramando mi corazón ante Dios acerca de Calvin. Me senté mirando la roca donde Cristo sudó gruesas gotas de sangre mientras esperaba para cargar con los pecados del mundo. Llegué a la conclusión diciendo a Dios que si Jesús pudo llevar el pecado de todo el mundo sobre sí, yo podría soportar el pecado de una persona difícil. Salí de ese monumento histórico pensando que ya lo había dejado ir.

A las dos semanas de nuestro regreso, Calvin dirigió su ataque contra nuestro pastor de los jóvenes. Eso colmó la medida. Podía manejar la resistencia de Calvin en mi contra, pero cuando comenzó a atacar a mi pastor de la juventud mi paciencia tocó fondo. Confronté a la junta y exigí que se hiciera algo con Calvin. Si no lo hacían presentaría mi renuncia. Aunque en privado estaban de acuerdo conmigo, no me apoyaron en público, de modo que decidí renunciar.

La semana antes de la fecha en que leería mi renuncia a la congregación, me enfermé. Estaba acostado de espaldas con casi cuarenta grados de fiebre, y con la voz completamente perdida. Nunca había estado tan enfermo antes, ni lo he estado después. No se necesitaba ser un genio para darse cuenta que Dios no se complacía con mi decisión. Cuando estás de espaldas en la cama sólo puedes mirar hacia arriba. Comencé a leer los evangelios y llegué a Marcos 8:22-26, donde algunas personas llevaron un ciego a Jesús. Después que Jesús lo tocó, el ciego dijo: "Veo los hombres como árboles" (v. 24). Recibí el mensaje. Yo veía a Calvin como a un árbol, un obstáculo en mi camino. Estaba bloqueando mi mente. No, no era él. Era yo. Yo soy la única persona en todo el planeta tierra que puede impedirme que llegue a ser la persona que Dios quiere que sea. Dios usó a ese hombre más que a cualquier otro para hacerme el pastor que Dios quería que fuese.

Entonces Jesús tocó al ciego nuevamente y éste comenzó a ver a la gente como gente, no como árboles. "Señor, yo no quiero a ese hombre, pero sé que tú lo amas y yo quiero hacerlo. Necesito un segundo toque de tu mano". Dios me tocó, y decidí perdonar completamente a Calvin desde ese momento.

El domingo siguiente fui a la iglesia no para renunciar, sino para predicar. Estaba tan ronco que casi no podía hablar. Presenté un mensaje sobre Marcos 8:22-26 acerca de nuestra tendencia a ser independientes ante nuestra gran necesidad de Dios y de los unos por los otros. Confesé a la congregación mi propia independencia y mi deseo que el Señor me tocara, para ver a la gente como personas, y no como obstáculos en mi camino. Dije que hay tres clases de personas. Algunos son ciegos y necesitan ser llevados a Jesús. Otros ven a las personas como árboles. Se raspan unos con otros o comparan entre sí sus hojas, pero no son árboles. Somos hijos de Dios creados a su imagen. Finalmente hay quienes han sido tocados por Dios y en consecuencia ven a los demás como realmente son.

Al terminar el sermón, invité a quienquiera que necesitara un toque del Señor se uniera a mí en el altar. Cantamos un himno y la gente comenzó a pasar. Pronto estuvo llena toda el área del altar y los pasillos. Iban unos a otros a pedirse perdón y a perdonar. Abrimos las puertas laterales y la gente salió al césped. Finalmente sólo unas pocas personas se quedaron sin pasar. Era un avivamiento.

¿Pueden adivinar quién estaba entre esos pocos? Hasta donde he podido saber, Calvin nunca cambió, pero yo sí. Seguí tomando posiciones contra lo que consideraba incorrecto porque no iba a tolerar el pecado. Sin embargo, ya no respondía con amargura. Además aprendí una dura lección en la vida. Dios es completamente capaz de limpiar su propio pescado. Mi responsabilidad es pescarlos, amarlos de la manera que Cristo me amó. Doy gracias a Dios hasta hoy de que me haya puesto de espaldas en la cama para convertirme en el pastor que Él quería que fuera.

Capítulo 12

Cómo enfrentar el rechazo en tus relaciones

A los cuarenta años Ruby había sufrido más rechazos en su vida que cualquier otra persona que yo he sabido. La rechazó su madre no casada antes que naciera, y sobrevivió milagrosamente un aborto de seis meses durante el embarazo de su madre. La madre de Ruby la entregó a su padre, el que a su vez la entregó a su madre. La abuela de Ruby estaba metida en una extraña mezcla de prácticas religiosas y ocultistas. De modo que Ruby se crió en una atmósfera de sesiones espiritistas y otras extrañas experiencias demoníacas.

Ruby se casó a los 14 años para escapar del hogar de su abuela. A los 21 años tenía cinco hijos, todos los cuales fueron convencidos por su padre que Ruby no era buena. Finalmente, su marido y los cinco hijos la abandonaron. Sintiéndose totalmente rechazada, hizo varios intentos frustrados de suicidarse. Durante ese tiempo recibió a Cristo, pero los que la conocían tenían miedo que se quitara la vida. "No te suicides —la animaban—. Sigue adelante; la vida mejorará". Sin embargo, voces en su interior todavía se burlaban de Ruby, y una estremecedora y tenebrosa presencia espiritual infestaba su hogar.

En estas condiciones, llegó Ruby a una semana de conferencias que yo estaba dirigiendo en su iglesia. El miércoles por la noche hablé acerca del perdón, animando a la gente que hiciera la lista de personas que necesitaban perdonar. En medio de la sesión, Ruby salió de la sala con un aparente ataque de asma. En realidad era un ataque espiritual.

La tarde siguiente uno de los pastores y yo nos reunimos en privado con Ruby para aconsejarla y orar con ella. Cuando comenzamos a conversar acerca del perdón, Ruby sacó la lista de nombres que había hecho: cuatro páginas de personas que la habían perjudicado y rechazado a través de los años. No era extraño que Satanás estuviera disfrutando de su vida. Virtualmente cada uno la había rechazado.

La guiamos por los pasos hacia el perdón y ella salió de la oficina libre en Cristo. Por primera vez comprendió que Dios la ama y nunca la rechazará. Regresó a casa emocionada y contenta. Las voces malignas habían desaparecido de su cabeza.

Ninguno de nosotros ha sufrido tanto rechazo como Ruby. Sin embargo, cada uno sabe cómo se siente uno cuando lo critican y rechazan, aun las mismas personas que en nuestra vida queremos agradar. Nacimos y crecimos en un ambiente mundano que tiene favoritos y rechaza a otros. Puesto que nadie puede ser el mejor en todo, hemos sido todos ignorados, descuidados o rechazados por los padres, los profesores, los entrenadores y por los amigos en alguna oportunidad.

Además, puesto que nacimos en pecado, Dios nos rechaza hasta que somos aceptados por Él en Cristo en el momento de la salvación (Romanos 15:7). Desde entonces hemos sido el blanco de Satanás, el acusador de los hermanos (Apocalipsis 12:10), que nunca deja de mentirnos acerca de lo indignos que somos ante Dios y ante los demás. En esta vida todos tenemos que vivir con el dolor y la presión del rechazo.

CUANDO TE CRITICAN O RECHAZAN

Los pensamientos y sentimientos de rechazo que nos infestan pueden ser los principales impedimentos para nuestra madurez en Cristo. Sin Cristo, todos aprendimos al principio de la vida a responder al rechazo tomando una de tres posiciones defensivas (véase figura 12-A). Aun como cristianos podemos ser influidos para reaccionar defensivamente al rechazo.

Controlar el sistema

Un pequeño porcentaje de personas se defiende del rechazo aplicando la ley de la selva al sistema del mundo y aprenden a competir y a planifica el modo de ponerse a la cabeza de todos. Estos forman parte de la plana mayor, son personas que procuran su aceptación y luchan por tener significación por medio de sus logros. Se sienten llevados a alcanzar la cumbre en toda situación, porque ganar es su pasaporte a la aceptación y a su sensación de ser importantes. Se caracterizan por el perfeccionismo, el aislamiento emocional y se ven afectados por la ansiedad y el estrés.

Espiritualmente estas personas luchan con la idea de quedar bajo la autoridad de Dios y tienen poca comunión con Él. Son dados a controlar y manipular a los demás y las circunstancias para provecho propio, de modo que les cuesta ceder el control de sus vidas a Dios. En nuestras iglesias estas personas compiten por ser el presidente del comité o el miembro más influyente de una comisión. Su motivación no siempre es servir a Dios, sino controlar su mundo porque de ello depende su sensación de ser alguien. Estos controladores del sistema suelen ser muy inseguros.

La estrategia defensiva de controlar a las personas lo único que logra es demorar el inevitable rechazo. A la larga, sus habilidades de controlar su familia, sus empleados y sus iglesias disminuyen, y se ven reemplazados por controladores más jóvenes, más fuertes y más capaces. Algunos sobreviven la crisis de la madurez, pero muchos que siguen hasta cuando se jubilan, no disfrutan mucho de esto. Los estudios muestran que los ejecutivos de gran poder viven un promedio de nueve meses después que se retiran. Ya no tienen propósito en la vida.

Ceder al sistema

"Pastor, soy un perdedor", se quejó un estudiante de secundaria. Me explicó que quería ser estrella de fútbol, pero lo habían sacado del equipo. En vez de estar en el centro como deportista, tenía que conformarse con ser parte de la banda. Comparado con un defensa, los que tocan el clarín son perdedores. ¡Qué triste comentario sobre la cultura americana!

El grupo más grande de personas responde al rechazo como este muchacho: simplemente ceden al sistema. Continúan con sus esfuerzos por satisfacer a los demás, pero sus fracasos los llevan a creer que realmente no son dignos de ser amados y que son inaceptables. El sistema dice los mejores, los más fuertes y los más hermosos son los que son alguien. Los que no calzan en tales categorías —la mayoría de nosotros— estamos fuera y sucumbimos ante el falso juicio de la sociedad acerca de nuestro valor. Como resultado, un gran segmento de la población está plagada por la sensación de indignidad, el complejo de inferioridad y de auto condenación.

Estas personas tienen problemas para relacionarse con Dios. Suelen culpar a Dios por su triste condición y tienen dificultades para confiar en Él. "Me hiciste un humilde trompetista en vez de un jugador estrella —se quejan—. *Si* te dejo entrar en otras áreas de mi vida, ¿cómo sé que no me vas a hacer un perdedor en eso, también?"

Al ceder al falso juicio del sistema estas personas sólo pueden esperar mayores rechazos. El sistema los ha rechazado y por lo tanto encuentran que es fácil rechazarse así mismos. Todo éxito o aceptación que se les presenta será cuestionado o puesto en duda sobre la base de lo que ya creen acerca de sí.

Rebelión contra el sistema

Desde la década del 60 este segmento de la sociedad parece estar creciendo. Estos son los rebeldes y los desechados que responden al rechazo diciendo. "No te necesito a ti ni tu amor". Interiormente anhelan ser aceptados, pero no reconocen su necesidad. Con frecuencia destacarán el desafío y la rebelión vistiéndose o comportándose de un modo objetable para la generalidad de la población.

Los rebeldes están marcados por el odio contra sí mismos y por la amargura. Quisieran no haber nacido. Son irresponsables e indisciplinados. Ven a Dios como si fuera otro tirano, alguien más que trata de oprimirlos dentro de un molde socialmente aceptable. Se rebelan contra Dios como se rebelan contra todo lo demás.

Las actitudes y conductas rebeldes de estas personas tienden a alienar a otros y los impulsan a defenderse del sistema que rechazan. En consecuencia la respuesta de los rebeldes a quienes los rechazan provoca más rechazo.

En último análisis, nadie gana en el sistema del mundo, pero todos ganan en el reino de Dios. Dios ama a cada hijo suyo por igual. No estamos en competencia unos con otros. Pablo dice: "No nos atrevemos a contarnos ni a compararnos con algunos que se alaban a sí mismos; pero ellos, midiéndose a sí mismos por sí mismos, y comparándose consigo mismos, no son juiciosos" (2 Corintios 10:12). Somos amados y aceptados incondicionalmente por Dios. Hay un lugar necesario en el cuerpo de Cristo para cada uno de nosotros. Cuando ayudamos que otro tenga éxito, tenemos éxito nosotros. Mientras más nos edificamos unos a otros, más nos ayudamos personalmente.

CÓMO ENTENDER EL RECHAZO

Romanos 15:7

Una persona piensa o siente que
es rechazada o que no la aman

▼

Decide agradar a los que le son importantes
para lograr que lo aprueben

▼

Viene más rechazo, lo cual resulta en la decisión
de seguir una de tres mentalidades defensivas

▼

*Salir por encima del sistema	*Ceder al sistema	*Rebelarse contra el sistema
Este individuo básicamente acepta el sistema y aprende a competir o maquinar para "salir adelante" y llegar a ser "importante".	Esta persona continúa esforzándose por satisfacer a otros, pero empieza a creer que nadie le puede amar y que no es aceptable.	Esta persona lucha contra el sistema y dice: "No necesito tu amor, ni lo deseo tener", y suele comportarse o vestir de una manera inaceptable.
Al fin, resulta en más rechazo, porque su habilidad de hacer las cosas finalmente disminuye.	Resulta en más rechazo, porque son menos aceptables los que se rechazan a sí mismos.	Resulta en más rechazo porque un rebelde hace que otros defiendan más el sistema que él rechaza.

Resultados emocionales

Falta de habilidad de expresar sus sentimientos, aislamiento emocional, perfeccionismo, preocupaciones.	Sentimientos de inutilidad e inferioridad, subjetivo, introspección, autocondenación.	Desea nunca haber nacido, indisciplinado, irresponsable, odio hacia sí mismo, amargado.

Actitudes y reacciones hacia Dios

Se niega a someterse bajo la autoridad de Dios y tiene poca comunión real con Él.	Considera a Dios como su padre terrenal, y no puede confiar en Él	Considera a Dios como un tirano y también se rebela en contra de Él.

Nota: "El sistema" de la familia es el más importante en la escuela y la sociedad en general.

Figura 12-A

A LA DEFENSIVA SIN DEFENSA

No importa cómo sea tu vida, a alguien no le va a gustar. ¿Cómo respondemos a quienes no nos aceptan? ¿Debemos estar a la defensiva? Hay dos razones para no responder en forma defensiva a la crítica negativa que el mundo te hace.

Primero, si estás equivocado, no tienes que defenderte. Si te critican por decir algo inconveniente o por hacer algo malo y la crítica es válida, en el mejor de los casos la actitud defensiva de tu parte podría ser la racionalización y en el peor una mentira. Sencillamente debes responder: "Tienes razón, me equivoqué" y luego dar los pasos para mejorar tu carácter y cambiar tu comportamiento.

Segundo, si estás en lo correcto, no necesitas defensa. Pedro nos estimula a segur las pisadas de Jesús que "cuando lo maldecían, no respondía con maldición; cuando padecía no amenazaba, sino encomendaba la causa al que juzga justamente" (1 Pedro 2:21-23). Si estás en lo correcto no necesitas defenderte. El Juez Justo, que sabe quién eres y sabe lo que has hecho, él te exonerará.

En los comienzos de mi ministerio pastoral yo era responsable de varios voluntarios del ministerio juvenil de nuestra iglesia, incluida una mujer llamada Alice. Era una hermosa cristiana que estaba a cargo de un programa de muchachas de la iglesia. Desdichadamente, aunque disponía de diversos dones, Alice no tenía las habilidades administrativas para esa tarea. Luchó en su ministerio, y se sentía frustrada y fuera de lugar. Como las cosas no iban bien, Alice debe de haber pensado que necesitaba un chivo expiatorio y me eligió a mí. Un día me dijo: "Te necesito". Fijamos un momento para reunirnos.

Cuando nos sentamos a conversar, ella puso una hoja en la mesa. —Neil, he anotado todos tus puntos buenos y todos los malos.

Miré el papel y vi dos columnas. En la columna de lo bueno había un solo punto, y los puntos malos llenaban la otra columna y seguían al otro lado de la página. Le pedí que me leyera primero el punto bueno, y luego todos los puntos malos de la lista.

Mi parte hecha de barro quería responder defensivamente a cada una de sus acusaciones. La parte hecha del Espíritu me decía: "Cierra la boca, Anderson". Así que escuché atentamente hasta que hubo disparado todos sus cartuchos.

Finalmente le dije: —Alice, tienes que haber necesitado mucho valor para venir y darme a conocer esa lista. ¿Qué crees que debo hacer?

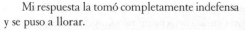

SI TE CRITICAN POR DECIR ALGO INCONVENIENTE O POR HACER ALGO MALO Y LA CRÍTICA ES VÁLIDA, EN EL MEJOR DE LOS CASOS LA ACTITUD DEFENSIVA DE TU PARTE PODRÍA SER LA RACIONALIZACIÓN Y EN EL PEOR UNA MENTIRA.

Mi respuesta la tomó completamente indefensa y se puso a llorar.

—Oh Neil, no eres tú; soy yo —sollozó.

Bueno eso tampoco era completamente cierto. Había un indicio de verdad en cada una de las críticas que ella había hecho. Sin embargo, si me hubiera defendido en cada uno de los puntos, Alice hubiera estado más decidida a convencerme de que yo no cumplía los requisitos para ser miembro de la Trinidad. Como resultado, mi apertura a sus críticas preparó el camino para que discutiésemos su frustración con su ministerio.

Dos semanas después renunció al programa con las muchachas, y ahora lo está pasando muy bien en el servicio del Señor en un ministerio adecuado para sus dones.

Si aprendes a no defenderte cuando alguien delata los defectos de carácter o ataca tus logros, puedes tener la oportunidad de revertir la situación y ministrar a aquella persona. Los cristianos que aplastan a otros dañan a las personas. Los cristianos maduros no se conducen de esa forma, porque saben que los creyentes no deben hacerlo.

No estás obligado a responder al rechazo controlando el sistema, cediendo ante el sistema o rebelándote contra el sistema. El sistema del mundo para determinar el valor de tu persona no es lo que determina lo que vales. Pedro escribe: "Acercándoos a él, piedra viva, desechada ciertamente por los hombres, mas para Dios escogida y preciosa" (1 Pedro 2:4). Tu lealtad la debes a Cristo no al mundo.

Pablo dice: "Mirad que nadie os engañe por medio de filosofías y huecas sutilezas, según las tradiciones de los hombres, conforme a los rudimentos del mundo, y no según Cristo" (Colosenses 2:8). El sistema del mundo es muy influyente, pero no necesitas responder a ese sistema, porque no eres de este mundo (Juan 17:14-16). Estás en Cristo. Si te encuentras respondiendo defensivamente al rechazo, vuelve tu atención a las cosas que te edifican y establecen en la fe.

LA TENTACIÓN A CRITICAR O RECHAZAR A LOS DEMÁS

El rechazo es una calle de dos vías. Puedes recibirlo y puedes darlo. Hemos hablado cómo responder al rechazo cuando lo recibes dentro del sistema de este mundo. Ahora veamos cómo podemos hallar una "vía de escape" (1 Corintios 10:13) cuando somos tentados a atacar a otros con críticas y rechazos.

Estaba pastoreando cuando recibí el llamado angustioso que ni siquiera a los policías les gusta responder. "Pastor, es mejor que venga —dijo el marido por el teléfono—, o terminaremos matándonos". Alcancé a oír que la esposa lloraba como sonido de fondo.

Cuando llegué a la casa, convencí a Fred y a Sue que se sentaran frente a frente en la mesa para conversar acerca del problema. Yo me senté al extremo de la mesa. Cada uno se lamentó del otro durante varios minutos, atacándose con acusaciones e insultos.

Finalmente interrumpí.

—¡Tiempo! Sue, ¿por qué no sirves una tacita de café? Fred, tráeme un papel y lápiz. Tenga cada uno su Biblia.

Cuando nos sentamos justos a la mesa nuevamente, dibujé un sencillo diagrama (véase figura 12-b) y les hablé de la Palabra de Dios.

Pedí a Fred que leyera Romanos 14:4: "¿Tú quién eres, que juzgas al criado ajeno? Para su propio señor está en pie, o cae; pero estará firme porque poderoso es el Señor para hacerle estar firme".

—Ese versículo habla de juzgar el carácter de otra persona —dije—. Delante de Dios cada uno de ustedes es responsable de su propio carácter. Fred y Sue asintieron con un movimiento de cabeza.

Luego pedí a Sue que leyera Filipenses 2:3: "Nada hagáis por contienda o por vanagloria; antes bien con humildad, estimando cada uno a los demás como superiores a él mismo".

—Ese versículo habla de necesidades —continué—. Delante de Dios cada uno de ustedes es responsable de satisfacer las necesidades del otro.

Nuevamente estuvieron de acuerdo conmigo.

—¿Se dan cuenta de lo que han estado haciendo las últimas dos horas? En vez de asumir la responsabilidad por su carácter, ustedes han estado destrozando el carácter el uno del otro. En lugar de tener en cuenta la necesidad de su pareja, ustedes han estado absorbidos egoístamente en su propia necesidad. No es sorpresa que su matrimonio no funcione. Ustedes han convertido el plan A para las relaciones en un plan B de desastre.

Eres responsable de....

Tu carácter   Tu carácter

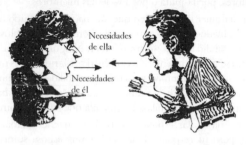

Figura 12-B

Antes de despedirnos ese día Fred y Sue habían prometido en oración asumir sus responsabilidades en conformidad con la Palabra de Dios.

¿Qué clase de familias e iglesias tendríamos si todos asumiéramos la responsabilidad de nuestro carácter y tratáramos de satisfacer las necesidades de aquellos con quienes vivimos? Sería casi celestial. En vez de dedicarnos a desarrollar nuestro propio carácter y a satisfacer las necesidades del otro, con frecuencia cedemos a los impulsos de Satanás para criticar el carácter del otro y con egoísmo nos centramos en nuestra propia necesidad. Esa es la receta del desastre.

Enfoque sobre la responsabilidad

Satanás también nos tentará para que nos concentremos en nuestros derechos en lugar de hacerlo en nuestras responsabilidades. Por ejemplo, un marido puede atacar a su esposa porque piensa que tiene el derecho de esperar que ella se someta. La mujer puede reprender a su marido porque espera que él sea su líder espiritual. Los padres arrasan con sus hijos porque piensan que es su derecho exigir obediencia. Los miembros levantan un escándalo en la iglesia local porque creen que sus derechos han sido violados por los pastores, por la junta o por los demás miembros.

En cualquier momento en que una nación, un grupo de personas o individuos se concentra en sus derechos con exclusión de sus responsabilidades, comienzan a caer. Ninguna cultura puede soportar ese tipo de orientación egocéntrica. Marido, no es tu derecho tener una esposa sumisa; pero tu responsabilidad es ser un marido amoroso, cariñoso. El ser cabeza no es un derecho que hay que exigir, sino una responsabilidad tremenda que hay que cumplir.

En forma similar, esposa, no es tu derecho tener un marido espiritual; pero tu responsabilidad es ser una esposa sumisa, que apoya. Padres, sus derechos no es esperar que los hijos sean obedientes; pero su responsabilidad es criar a sus hijos en la disciplina y amonestación del Señor. Ser miembros de una iglesia local es un privilegio increíble, no un derecho. Este privilegio viene con la sobrecogedora responsabilidad de conducirse como hijos de Dios y de amar a Dios y a su pueblo. Cuando estemos delante de Cristo, Él no nos preguntará si recibimos todo lo que nos daban. Nos recompensará por lo bien que cumplimos nuestras responsabilidades.

No representes el papel de conciencia

Me crié dentro de un ambiente bueno, moral y participaba en la iglesia, pero no era cristiano. En aquellos días realmente me gustaba la cerveza, especialmente en un día cálido después de cortar el césped. Cuando recibí a Cristo siendo joven me hice miembro de una iglesia que predicaba la completa abstinencia de bebidas alcohólicas. Yo no bebía para emborracharme, de modo que decidí eliminar esa regla y beber una cerveza ocasionalmente. Dos años después el Señor me produjo convicción acerca de beber cerveza. Junto con la convicción vino el poder para obedecer, de modo que dejé de beber cerveza.

A veces tenemos la tentación de tomar el papel del Espíritu Santo o de la conciencia en la vida de alguien en aspectos en que la Escritura no es específica: "Los cristianos no beben ni fuman"; "Debes tener 30 minutos de oración y estudio bíblico cada mañana"; "No es buena mayordomía comprar boletos de lotería".

Estoy convencido que el Espíritu Santo sabe exactamente cuando producir convicción en asuntos de conciencia. Es parte del proceso de santificación que está a su cargo. Cuando tratamos de ocupar el lugar del Espíritu Santo en la vida de otra persona, interferimos en su batalla con Dios para dirigirla nosotros; y no estamos capacitados para esa tarea. Al hacerlo, hacemos poco más que comunicar críticas y rechazo.

Disciplina sí; juicio no

¿Hay ocasiones cuando los cristianos deben confrontarse en cuestiones de conducta? Sí. Dios nos pide que confrontemos y restauremos a quienes han violado claramente los límites de las Escrituras. Jesús ordena: "Si tu hermano peca contra ti, ve y repréndele estando tú y él solos; si te oyere, has ganado a tu hermano. Mas si no te oyere, toma aún contigo a uno o dos, para que en boca de dos o tres testigos conste toda palabra" (Mateo 18:15, 16).

Permíteme advertirte de una importante distinción: la disciplina es una cuestión que tiene que ver con una conducta observada —lo que has visto personalmente (Gálatas 6:1); el juicio es una cuestión de carácter. Se nos ordena confrontar a los demás acerca de pecados que hayamos observado, pero se supone que no tenemos que juzgar el carácter (Mateo 7:1; Romanos 14:13). Disciplinar a otros es parte de nuestro ministerio; juzgar el carácter es responsabilidad de Dios.

Por ejemplo, imagina que has sorprendido a tu hijo diciendo una mentira. "Eres un mentiroso", le dices. Ese es un juicio, un ataque a su carácter. Sin embargo, si le dices: "Hijo, has dicho una mentira", eso es disciplina. Lo haces responsable de una conducta observada.

Digamos que un amigo reconoce delante de ti que ha falseado su declaración de impuesto. Si lo confrontas como ladrón, juzgas su carácter. Sólo puedes confrontarlo por lo que has visto: "Al falsear tus impuestos le has robado al estado, y eso es malo".

TENEMOS QUE HACER QUE LA GENTE SEA RESPONSABLE POR SU CONDUCTA PECAMINOSA, PERO NO SE NOS PERMITE DENIGRAR SU CARÁCTER.

Cuando disciplinas a otros, debe ser sobre la base de algo que has visto u oído personalmente, no sobre algo que sospechas o te lo ha dicho un pajarito. Si confrontas su conducta y no responden, la próxima vez debes ir con dos o tres testigos, no testigos de tu confrontación, sino otros testigos oculares de su pecado. Si eres el único testigo, confróntale a solas y déjalo hasta ese punto. Es su palabra contra la tuya, y eso no tendría validez ante un tribunal. Si no reconoce su pecado y se arrepiente, ¿debemos dejarlo irse así no más? Sí, pero Dios no ha terminado con ellos. Imagina la convicción que se le produce cada vez que se encuentra contigo.

Gran parte de lo que llamamos disciplina es nada menos que asesinato del carácter. A nuestro hijo que desobedece le decimos: "Desobediente"; "Eres malo"; "No vales nada". A los hermanos que caen les decimos: "No eres un buen cristiano"; "Eres un ladrón"; "Eres inmundo". Tales juicios no corrigen ni edifican. Tus hijos no son mentirosos; son hijos de Dios que han dicho una mentira. Tus amigos cristianos no son ladrones; son hijos de Dios que se han apropiado de algo que no les pertenece. Los creyentes sorprendidos en faltas morales no son pervertidos; son hijos de Dios que han comprometido su pureza. Tenemos que hacer que la gente sea responsable por su conducta pecaminosa, pero no se nos permite denigrar su carácter.

Expresa tus necesidades sin juzgar

Si tienes necesidades legítimas *en* una relación, y no se satisfacen, ¿debieras arriesgarte a comunicar crítica y rechazo al expresar tu necesidad? Sí, pero dilo de tal manera que no impugnes el carácter de la otra persona.

Por ejemplo, puedes sentir falta de amor en una relación, de modo que dices: "Ya no me amas". O puedes pensar que tu esposa no te valora, así que le dices: "Me haces sentir como que no valgo nada". O sientes que se está produciendo un distanciamiento entre tú y tu amigo, y le dices: "Nunca me escribes ni me llamas". En realidad no has expresado tu necesidad. Has criticado a la otra persona. Has usurpado el papel de la conciencia de la otra persona. Al presionar tu necesidad como el problema de la otra persona, probablemente te responda a la defensiva, haciendo más tensa la relación.

¿Qué tal si expresaras tu necesidad de algunas de las siguientes maneras? "No me siento amada"; "Me siento como una persona sin valor, sin importancia"; "Te extraño cuando no nos comunicamos regularmente". Al cambiar el "tú" acusador a un mensaje en "yo" expresas tu necesidad sin culpar a nadie. Tu enfoque carente de un juicio permite que Dios trate la conciencia de la persona y convierta el conflicto potencial en una oportunidad para ministrar. La otra persona es libre de responder a tu necesidad en vez de ponerse a la defensiva contra tu ataque.

Todos necesitamos ser amados, aceptados y afirmados. Cuando estas necesidades no encuentran solución, es muy importante que las expresemos a los miembros de nuestra familia y a los amigos cristianos de un modo positivo que les permita ministrar esas necesidades. Creo que una base para la tentación son las necesidades legítimas insatisfechas. Cuando eres muy orgulloso para decir: "No me siento amado", o cuando presionas a otros diciendo: "Ya no me amas", tu necesidad de amor sigue sin solución. Así Satanás llega con una alternativa tentadora: "Tu esposa no te ama como mereces. Pero ¿has visto esa chispa de afecto en los ojos de tu secretaria?"

El recurso principal de Dios para hacer frente a tus necesidades y mantenerte puro son los demás creyentes. El problema es que muchos van a la escuela dominical a los cultos y a los estudios bíblicos usando una máscara sagrada. Quieren parecer fuertes e íntegros, se quitan la oportunidad de ver satisfechas sus necesidades en el calor y seguridad de una comunidad cristiana. En el proceso le quitan a la comunidad la oportunidad de ministrar a sus necesidades, una de las principales razones para que Dios nos reúna en iglesias. Al negar a los demás creyentes el privilegio de hacer frente a tus legítimas necesidades, estás actuando en forma independiente de Dios y eres vulnerable en cuanto a ver tus necesidades satisfechas por el mundo, la carne y el diablo.

Un pastor una vez dijo en forma humorística: "El ministerio sería una gran carrera si no fuera por la gente". Quizás hayas dicho algo parecido: "Crecer en Cristo sería fácil si no fuera por la gente". Todos sabemos que seguir a Cristo incluye lo vertical y lo horizontal: amar a Dios y amar a la gente. Es importante saber que Dios obra en nuestra vida por medio de relaciones comprometidas. ¿Dónde se puede aprender mejor la paciencia, la bondad, el perdón y el espíritu de cuerpo si no es en la intimidad de relaciones que funcionan bien? Las relaciones comprometidas pueden ser extremadamente difíciles a menos que aceptemos nuestra responsabilidad de crecer y amar a otros. Tú puedes comprometerte de este modo. Recuerda: Tú eres el único que puede impedir que seas la persona que Dios quiere que seas.

Uno de mis estudiantes me llevó un poema que insistió en que era una descripción de mi persona. Espero que así sea. Lo doy a conocer porque creo que da una perspectiva útil para nuestras relaciones a veces espinosas como cristianos:

La gente es irracional, ilógica y egocéntrica.

Ámala de todos modos.

Si haces el bien, la gente te acusará de egoísmo y de motivos escondidos.

Haz el bien de todos modos.

Si tienes éxito, tendrás falsos amigos y verdaderos enemigos.

Ten éxito de todos modos.

El bien que hoy haces, será olvidado mañana.

Haz bien de todos modos.

La honestidad y la franqueza te hacen vulnerable.

Sé honesto y franco de todos modos.

Los más grandes con las más grandes ideas pueden ser abatidos por gente inferior con mentes ínfimas.

Piensa en grande de todos modos.

La gente favorece a los desvalidos, pero sigue a los poderosos.

Lucha por los desvalidos de todos modos.

Lo que te toma años edificar puede ser destruido en un momento.

Edifica de todos modos.

La gente necesita ayuda, pero te atacan si les ayudas.

Ayuda a la gente de todos modos.

Da al mundo lo mejor de ti y te golpeará en la boca.

Da al mundo lo mejor de ti, de todos modos.[1]

Cualquiera puede encontrar defectos de carácter y fallas en los logros de otro cristiano. Se necesita la gracia de Dios para ver la roca de la iglesia de Jerusalén más allá del impulsivo Pedro. Se necesita la gracia de Dios para, tras Saulo el esbirro, ver a Pablo el apóstol. De modo que mientras vives cada día con personas que a veces son menos que santos en su conducta —y te ven de la misma forma— pueda yo decir sencillamente: "Gracia y paz os sean multiplicadas" (2 Pedro 1:2).

NOTA
1. Fuente y autor desconocidos.

Capítulo 13

La gente crece mejor cuando se reúne

Un mes de enero tuve el privilegio de llevar 24 estudiantes del seminario al Centro Juliano, cerca de San Diego, California, donde vivimos y estudiamos juntos durante cuatro semanas. Mi amigo Dick Day lo fundó con la visión de educar a los cristianos en un contexto relacional. En el pasado, había reunido grupos por doce semanas para estudiar internos, pero ese enero se unió conmigo para enseñar a los estudiantes del seminario en una sesión abreviada.

Para introducir la dimensión relacional del retiro, comencé la sesión de enero dividiendo a los alumnos en grupos de tres para un ejercicio de conocimiento mutuo que fuera relativamente inofensivo. Terminé el ejercicio preguntando a los estudiantes la identificación de una emoción que hubieran sentido. Las respuestas típicas fueron "feliz", "aceptado", "paz", "expectativas" y otras por el estilo, aunque unos pocos reconocían haber estado un tanto temerosos.

Un joven llamado Danny me sorprendió con su respuesta: "aburrido". Había venido a aprender, no a relacionarse. Quería contenidos, no vida en comunidad. Consideraba que mis esfuerzos por edificar una interrelación entre los alumnos era un desperdicio de su tiempo. Cada día los demás estudiantes crecieron en intimidad, pero Danny permaneció frío y solitario.

Dos semanas más tarde la resistencia de Danny se derrumbó. Comenzó a ver que el crecimiento espiritual y la madurez se alcanzan mejor en una comunidad de personas que se conocen y aceptan mutuamente. Cuando Danny finalmente se abrió antes sus compañeros, comenzó realmente a lograr algo del contenido de la sesión.

Después de ese mes en el Julian Center, cuando estuvo de regreso en el grupo pequeño de hombres de negocios que dirigía, Danny tenía una nueva visión.

—Señores —les dijo—, nos hemos estado reuniendo por un año hasta ahora, pero no sé lo que les interesa, lo que los estimula o cómo es su vida familiar. Y ustedes tampoco saben mucho de mí. Tenemos que ir más allá del intercambio de información y empezar a compartir más nuestras vidas.

Danny había aprendido el secreto paulino del discipulado: "Tan grande es nuestro afecto por vosotros, que hubiéramos querido entregaros no sólo el evangelio de Dios, sino también nuestras propias vidas; porque habéis llegado a sernos muy queridos" (1 Tesalonicenses 2:8).

RELACIONES: EL LATIDO DEL CRECIMIENTO Y LA MADUREZ

Las dos preguntas más comunes que se me hacen acerca del ministerio de discipular a otros para el crecimiento espiritual y la madurez son: "¿Qué currículo usas?" y "¿Qué programa sigues?" Si tu currículo no está basado en la Palabra de Dios y tu programa no es relacional, entonces lo que haces no es discipulado.

El currículo del discipulado no es el problema. Los estudios sobre crecimiento espiritual basados en la Biblia son abundantes. El eslabón perdido en el discipulado normalmente es la interacción. Se requiere poco compromiso para decir: "El libro te dirá lo que necesitas *hacer* para crecer en Cristo". Se necesita mucho compromiso para decir: "Compartamos lo que Cristo hace en nuestra vida, para ayudarnos a crecer en la gracia y el conocimiento de nuestro Señor Jesucristo".

El discipulado es un ministerio intensamente personal entre dos o más personas que se ayudan mutuamente a tener la experiencia de una relación creciente con Dios. El discipulado no consiste en "edificar mi vida dentro de la tuya". El discipulado es un proceso de edificar la vida de Cristo en una acción mutua. La vida de Cristo no se refiere a los más de treinta años que Jesús vivió físicamente en el planeta tierra, hace dos mil años. La vida de Cristo es la presencia de Dios en nosotros. El discipulado es la práctica de esa presencia.

Jesús dice: "Venid a mí" (Mateo 11:28) y "Venid en pos de mí" (4:19). Marcos registra: "Estableció a doce, para que estuviesen con él, y para enviarlos a predicar, y que tuviesen autoridad para sanar enfermedades y para echar fuera demonios" (Marcos 3:14, 15). Nótese que la relación de Jesús con sus discípulos precedió a la tarea que les asignó. El discipulado es ser antes que hacer, madurez antes que ministerio, carácter antes que carrera.

Todo creyente, incluido tú, es un discípulo y un disimulador en el contexto de sus relaciones cristianas. Tú tienes el tremendo privilegio y responsabilidad de ser maestro y discípulo de lo que significa estar en Cristo, andar en el Espíritu y vivir por la fe.

Puedes tener un papel en tu familia, en la iglesia o en la comunidad cristiana que te da la responsabilidad específica de discipular a otros, tales como marido, padre, pastor, maestro de escuela dominical, líder de un grupo de discipulado y así sucesivamente. Como discipulador no dejas de ser discípulo que aprende y crece en Cristo. Quizás no tengas la responsabilidad oficial de discipular a alguien, pero tienes la oportunidad de ayudar a tus hijos, a tus amigos y a otros creyentes en el crecimiento en Cristo por medio de relaciones cordiales y consagradas.

En este capítulo final quiero esbozar el ministerio de discipulado mutuo en que todos participamos en la comunidad cristiana. Recuérdese que un buen discipulador es un buen consejero, y un buen consejero cristiano es un buen discipulador. Si eres "discipulador profesional" y/o consejero, o solo un creyente que crece y se ha comprometido a ayudar a otros en el crecimiento en Cristo los siguientes designios y conceptos para el discipulado y la consejería te darán algunas directrices prácticas básicas para tu ministerio.

Discipulado en Cristo
Niveles de conflictos

	NIVEL I	NIVEL II	NIVEL III
	Completa en Cristo (Col. 2:10)	Edificado en Cristo (Col. 2:7)	Andar en Cristo (Col. 2:6)
Espiritual	Falta de salvación, o de seguridad de la misma (Ef. 2:1,3)	Andar de acuerdo a la carne (Gá. 5:19-21)	Insensible a la dirección del Espíritu (He. 5:11-14)
Racional	Entendimiento oscurecido (Ef. 4:18; 1 Co. 8:1)	Creencias equivo- cadas en cuanto a la filosofía de la vida (Col. 2:8)	Falta de conocimiento (Os. 4:6)
Emocional	Temor, culpa y vergüenza (Mt. 10:26-33; Ro. 8:1,2)	Ira (Ef. 4:31), ansiedad (1 Pe. 5:7), depresión (2 Co. 4:1-18)	Desánimo y tristeza (Gá. 6:9)
Volitivo	Rebelión (1 Ti. 1:9)	Falta de autocon- trol, compulsivo (1 Co. 3:1-3)	Indisciplinado (2 Ts. 3:7,11)
Relacional	Rechazo (1 P. 2:4)	Amargura y no perdonar (Hebreos 12:15)	Egoísmo (Filipenses 2:1-5; 1 Co. 10:24)

Figura 13-A

Disciplinado en Cristo
Niveles de crecimiento

	NIVEL I	NIVEL II	NIVEL III
	Completa en Cristo (Col. 2:10)	Edificado en Cristo (Col. 2:7)	Andar en Cristo (Col. 2:6)
Espiritual	Hijo de Dios (Ro. 8:16; 1 Jn. 5:13)	Andar según el Espíritu (Gá. 5:19-21)	Guiado por el Espíritu (Ro. 8:14)
Racional	Decidir conocer la verdad (Jn. 8:32,33)	Usar bien la Palabra de Dios (2 Ti. 2:15)	Útil para equipar para toda buena obra (2 Ti. 3:16,17)
Emocional	Libre en Cristo (Gá. 5:1)	Gozo, paz, paciencia... (Gá. 5:22)	Contentamiento (Fil. 4:11)
Volitivo	Sumiso (Ro. 13:1,2)	Autocontrol (Gá. 5:23)	Disciplina (1 Ti. 4:7,8)
Relacional	Aceptación y afirmación (Ro. 5:8; 15:7)	Perdonado y aceptado (Ef. 4:32)	Amor fraternal (Ro. 12:10; Fil. 2:1-5)

Figura 13-B

DESIGNIO DEL DISCIPULADO

Pablo se refiere a tres niveles de madurez en Colosenses
2:6-10:

> *Por tanto, de la manera que habéis recibido al Señor Jesu-*
> *cristo, andad en él, arraigados y sobreedificados en él, y*
> *confirmados en la fe, así como habéis sido enseñados, abun-*
> *dando en acciones de gracias. Mirad que nadie os engañe*
> *por medio de filosofías y huecas sutilezas, según las tradi-*
> *ciones de los hombres, conforme a los rudimentos del mun-*
> *do, y no según Cristo. Porque en él habita corporalmente*
> *toda la plenitud de la Deidad, y vosotros estáis completos*
> *en él, que es la cabeza de todo principado y potestad.*

Según Pablo, los creyentes deben estar firmemente arraigados
en Cristo, luego deben ser edificados en Él para andar o vivir en
Él. Esto define tres niveles de madurez. Cada nivel de madurez
tiene su conflicto específico y necesita ser resuelto según se ilustra
en la figura 13-A. La figura 13-B ilustra el crecimiento en los mismos tres niveles. Nótese además, las cinco dimensiones de aplicación para cada nivel: espiritual, racional, emocional, volitivo, y
relacional. Por favor entiéndase que no hay límites claros entre los
tres niveles de madurez ni en las cinco dimensiones de aplicación
como las figuras parecen dar a entender. No estamos divididos en
pequeños cuadros.

El nivel I tiene que ver con estar firmemente *arraigados en
Cristo.* Estos temas fundamentales se basan en el hecho de que "estáis completos en él" (Colosenses 2:10).

El nivel II se relaciona con ser *sobreedificados en Cristo,* como
Pablo describe nuestra madurez en Cristo (v. 7).

El nivel III se refiere al diario *andar con Cristo,* sobre la base de
nuestra identidad y madurez en Cristo. La instrucción de Pablo es:

"de la manera que habéis recibido al Señor Jesucristo, andad en él" (v. 6).

Cada nivel de madurez depende del nivel anterior. Los cristianos no pueden andar en forma efectiva (nivel III) si no crecen en Cristo (nivel II), y no pueden madurar si no están firmemente arraigados en Cristo (nivel I).

Nivel I: Arraigados en Cristo (Colosenses 2:10)

El conflicto espiritual del nivel I es la falta de salvación o de la seguridad de salvación. Dios quiere que sepamos que tenemos vida eterna (1 Juan 5:13). Para hacer que alguien llegue a ser discípulo, primero tenemos que llevarlo a Cristo de modo que el Espíritu Santo dé testimonio a su espíritu que es "hijo de Dios" (Romanos 8:16).

El conflicto racional del nivel I es el orgullo intelectual. Las personas orgullosas son autosuficientes. No quieren que alguien les diga lo que deben hacer o cómo deberían hacerlo. La persona orgullosa no necesita a Dios ni a nadie más. Tenemos que llegar al final de nuestros recursos para descubrir los recursos de Dios. Cuando se quebranta nuestro espíritu orgulloso estamos preparados para recibir de Dios y de los demás.

El conflicto emocional del nivel I es el temor, la culpa y la vergüenza. El temor impulsa a las personas a hacer lo que no debieran e impide que hagan lo que deben hacer. La persona motivada por el temor no disfruta de su libertad en Cristo. El temor a alguien o de algo que no es Dios es mutuamente excluyente con la fe en Dios. Satanás quiere que le temamos porque quiere que le adoremos, pero el temor de Dios quita todo otro temor (Proverbios 1:7). También es necesario vencer la culpa y la vergüenza por la gracia de Dios porque "ninguna condenación hay para los que están en Cristo Jesús (Romanos 8:1).

El conflicto volitivo del nivel I es la rebelión. Es muy difícil discipular a un rebelde, porque no se somete a la autoridad. El crecimiento en este nivel incluye la comprensión de la sumisión bíblica a Dios y a los demás.

El conflicto relacional que hay que vencer en el nivel I es el rechazo. El proceso del discipulado se basa en el amor y la aceptación incondicional de Dios (Tito 3:5). La edificación mutua no comienza con la autoridad que exige responsabilidad; comienza con la aceptación y la afirmación. Cuando la gente sabe que se le acepta y afirma, voluntariamente se hacen responsables ante la autoridad. Cuando la autoridad exige responsabilidad sin aceptación ni afirmación, nunca la obtendrán.

La primera meta del discipulado es ayudar al discípulo a estar firmemente arraigado en Cristo. Esto comprende lo siguiente:

- Guiar a la persona a Cristo y a la seguridad de la salvación
- Guiarles al verdadero conocimiento de Dios y de su identidad en Cristo, e iniciarlos en la senda del conocimiento de los caminos de Dios
- Cambiar su motivación básica de los temores irracionales al temor de Dios, y ayudarles a vencer la culpa y la vergüenza
- Ayudarles a ver de qué manera aún toman el papel de Dios o se rebelan contra la autoridad de Dios
- Quebrantar sus defensas contra el rechazo aceptándolos y afirmándolos.

Nivel II: Edificados en Cristo (Colosenses 2:7)

La edificación de una persona en Cristo comienza en la dimensión espiritual de ayudarles a distinguir entre andar en la carne y andar en el Espíritu. Cuanto más prefieran andar en la carne, tanto más permanecerán en la inmadurez. Cuanto más prefieran andar en el Espíritu, con mayor rapidez crecerán. Para esta verdad es fundamental que el creyente entienda que las circunstancias externas no determinan lo que son, cómo andan ni lo que llegarán a ser. Sólo Dios y nuestra respuesta a Él lo determinan.

Racionalmente, cuando los cristianos participan en las mentiras de Satanás o en las filosofías del mundo, no pueden crecer (Colosenses 2:8). La batalla es por la mente, y debemos aprender a llevar todo pensamiento cautivo a la obediencia a Cristo (2 Colosenses 10:5). El discipulado requiere disciplina mental. La persona que no asume la responsabilidad por lo que piensa no se somete al discipulado.

Las emociones son un producto de nuestros pensamientos. Si nuestros pensamientos y creencias son errados, lucharemos con emociones negativas. La ira, la ansiedad y la depresión persistentes revelan un sistema defectuoso. Las más grandes determinantes de la salud emocional y mental son el verdadero conocimiento de Dios, la aceptación de sus caminos y la seguridad del perdón.

Volitivamente, los cristianos necesitan el ejercicio del fruto espiritual del autocontrol para no sucumbir a los impulsos de la carne.

Relacionalmente, el perdón es la clave de la libertad en Cristo. Es el vínculo que mantiene unidas a las familias y las iglesias. Satanás usa la falta de perdón más que cualquier otra deficiencia humana para detener el crecimiento de las personas y los ministerios. La persona que no perdona está enyugada con el pasado y no es libre para avanzar en Cristo.

La segunda meta del discipulado es aceptar la meta de la santificación puesta por Dios y crecer en la semejanza de Cristo. Esto supone lo siguiente:

- Ayudar que las personas aprendan a caminar por fe en el poder del Espíritu Santo.
- Guiarles a disciplinar la mente para creer la verdad.
- Ayudarles a salir de la montaña rusa emocional centrando sus pensamientos en Dios y no en las circunstancias.
- Estimularles en el desarrollo del dominio propio.
- Llamarles a resolver los problemas personales mediante el perdón a los demás y por la búsqueda del perdón.

Nivel III: Andar en Cristo (Colosenses 2:6)

Las personas espiritualmente maduras se identifican como aquellos cuyos sentidos están ejercitados "en el discernimiento del bien y el mal" (Hebreos 5:14). El discernimiento no es solo una función de la mente; es también una función del Espíritu. Por medio del Espíritu, Dios identificará para el creyente espiritualmente maduro un espíritu compatible con el suyo y le advertirá contra un espíritu incompatible. El discernimiento espiritual es la primera línea de defensa en la guerra espiritual.

> **EL DISCIPULADO REQUIERE DISCIPLINA MENTAL. LA PERSONA QUE NO ASUME LA RESPONSABILIDAD POR LO QUE PIENSA NO SE SOMETE AL DISCIPULADO.**

Racionalmente la gente perece por falta de conocimiento (Oseas 4:6). La persona madura tiene una vida productiva si sabe cómo hacerlo y qué hacer. En este nivel la consejería es solo sentido común bíblico.

Emocionalmente, el creyente maduro aprende a contentarse en todas las circunstancias (Filipenses 4:11). Esta vida está llena de desilusiones, y muchos de los deseos de los creyentes quedan sin satisfacer. Ninguna de las metas del creyente dejará de cumplirse en tanto sean metas piadosas. En medio de las pruebas de la vida, los creyentes necesitan aliento. Animar significa dar a la persona el valor de avanzar. Todo discipulador debe ser un animador.

Alguien ha dicho que la vida cristiana tiene como eje el ejercicio de la voluntad. La persona indisciplinada es incapaz de tener una vida productiva, pero el creyente disciplinado está lleno del Espíritu que no tiene conciencia de conflictos sin resolver.

Relacionalmente, el cristiano maduro ya no vive para sí, sino para los demás. Quizás la prueba más grande de la madurez del creyente esté en el llamado: "Amaos los unos a los otros con amor fraternal" (Romanos 12:10). "En esto conocerán todos que sois mis discípulos, si tuviereis amor los unos con los otros" (Juan. 13:35).

> **EL ANDAR CRISTIANO EFECTIVO INCLUYE EL EJERCICIO ADECUADO DE LOS DONES ESPIRITUALES, DE LOS TALENTOS Y DEL INTELECTO PARA EL PROVECHO DE LOS DEMÁS Y PARA SER TESTIGOS POSITIVOS EN EL MUNDO.**

Dicho en forma sencilla, la tercera meta del discipulado es ayudar a otros a actuar como cristianos en su hogar, en sus trabajos y en la sociedad. El andar cristiano efectivo incluye el ejercicio adecuado de los dones espirituales, de los talentos y del intelecto para el provecho de los demás y para ser testigos positivos en el mundo.

Demasiados cristianos se quedan atascados en el nivel I, encerrados en el pasado, inmovilizados por el temor, aislados por el rechazo. No tienen idea de su identidad en Cristo, de modo que progresan muy poco en el camino de llegar a ser como Él. En vez de decir al creyente inmaduro lo que debiera *hacer*, es mejor ayudarles a celebrar lo que Cristo ya ha hecho y ayudarles a ser lo que ya son en Él.

CONCEPTOS PARA LA CONSEJERÍA

Cuando enseñaba consejería, pedía a mis estudiantes que hicieran en un papel la descripción del problema personal que les resultara más difícil conversar con otro individuo. Cuando me daba cuenta que el nivel de ansiedad había alcanzado su culminación, pedía a los estudiantes que se detuvieran. Sentían un gran alivio al saber que en realidad no era mi intención que dieran a conocer a otro lo que habían escrito. Creo seriamente que hubieran escrito la peor de sus conductas. Mi intención sólo era que experimentaran lo que sentirían al revelar una información respecto de ellos mismos que fuera potencialmente perjudicial o vergonzosa. Estoy seguro que ustedes me entienden lo difícil que eso resultaría.

Enseguida les pedía que describieran el tipo de persona con quien compartirían ese tipo de información íntima. El tipo de persona que tenía que ser o no ser, lo que hace o no hace. Luego pedía a cada uno que dijera en voz alta el criterio número uno para compartir con otro individuo mientras yo lo escribía en la pizarra. La lista incluía compasión, confidencialidad, amor, madurez, confianza, no condenatorio, competente, capaz de ayudar y otros. Luego les pregunté a quién describía esa lista y ellos respondieron: "A Dios".

Finalmente completé el ejercicio con la pregunta: "Si no lo ha hecho antes, ¿estaría dispuesto a llegar a ser ese tipo de persona?" Si no eres ese tipo de persona, nadie estará dispuesto a ser confidente contigo. Si los demás no te dan a conocer su verdadero problema, no les puedes ayudar.

Permíteme hacerte la misma pregunta: ¿Estarías dispuesto a ser el tipo de persona a quien uno puede confiar algo delicado? En otras palabras, ¿estarías dispuesto a ser como Cristo? Sea que estés en el púlpito o te sientes en la banca, sea que te sientes en el escritorio en una oficina de consejería o en un comedor, Dios te puede usar para ministrar a otros si estás dispuesto a ser un confidente compasivo y preocupado.

La consejería cristiana trata de ayudar a las personas a resolver los conflictos espirituales y personales por medio de un arrepentimiento genuino y por la fe en Dios. La meta de la consejería cristiana —hecha por un pastor, por un consejero profesional o por un amigo—, es ayudar a una persona a disfrutar de su libertad en Cristo para que avancen hacia la madurez y fructifiquen en su andar con Él. Permíteme dar cinco consejos prácticos para la consejería formal o informal que tengas ocasión de hacer entre tus amigos cristianos.

1. Ayúdales a identificar y a resolver la raíz del problema

El Salmo 1:1-3 compara al cristiano maduro con un árbol fructífero (véase figura 13-C). El carácter fructífero de las ramas por sobre la tierra resulta de la fertilidad del suelo y de la salud del sistema de raíces. El cristiano que crece está firmemente arraigado en Cristo.

La gente generalmente busca consejo porque algo no está bien en su diario caminar. En lugar de ser fructífera su vida es estéril. Como en el caso del árbol el problema a la vista raras veces es la raíz del problema de una vida estéril. No llevan fruto porque algo anda mal en el sistema de raíces.

He elaborado "Pasos hacia la libertad en Cristo" con el propósito de ayudar a los cristianos a resolver sus conflictos personales y espirituales. Están disponibles en la mayoría de las librerías cristiana y se puede obtener en la oficina de Freedom in Christ Ministries. La base teológica y el uso práctico de dichos pasos se explica en mi libro *Ayudando a otros a encontrar la libertad en Cristo* (Editorial Unilit). Véase además, *Christ Centered Therapy* (Zondervan), que escribí como coautor con el doctor Terry y Judith Zuehlke, terapeutas profesionales que han integrado el mensaje de este libro a su práctica privada.

2. Estimula la honestidad emocional

Los aconsejados generalmente están dispuestos a dar a conocer lo que les ha ocurrido, pero están menos dispuestos a dar a conocer sus faltas o la complicidad en el problema y son muy reticentes a dar a conocer sus sentimientos al respecto. Si no eres modelo de honestidad emocional y no la estimulas, son pocas las oportunidades para resolver los conflictos internos y ser libres en Cristo.

Esta historia la contó un médico misionero que trabajó en la jungla africana. Su tarea la desarrollaba entre los nativos, preocupado de sus necesidades físicas. Su verdadero deseo era alcanzar a satisfacer sus necesidades espirituales, pero después de dos años ningún nativo había recibido a Cristo. Había sido modelo de vida

COLOSENSES 2:6-7

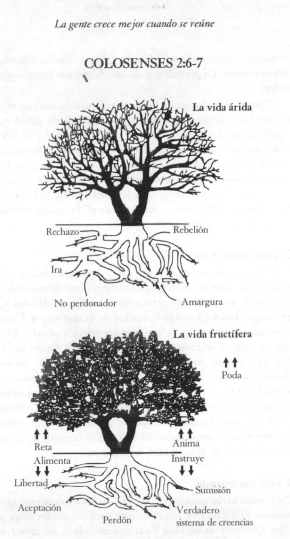

La vida árida

Rechazo — Rebelión

Ira

No perdonador — Amargura

La vida fructífera

↑↑ Poda

Reta — Anima
Alimenta — Instruye
↓↓ — ↓↓
Libertad — Sumisión

Aceptación — Verdadero
sistema de creencias
Perdón

Figura 13-C
(El diagrama del árbol es una adaptación de Neues Leben International.)

cristiana lo mejor que podía. Un día su único hijo fue muerto accidentalmente. La pérdida era abrumadora y fue vencido por el dolor.

Como no quería que los nativos vieran su debilidad, corrió hacia la selva y clamó a Dios. "Señor, ¿por qué me has abandonado aquí? He sacrificado mi carrera por la evangelización y no hay un solo convertido. Ahora te has llevado a mi hijo. El dolor es abrumador y no lo puedo soportar". No se dio cuenta que uno de los nativos lo había seguido hacia el bosque y observaba su catarsis emocional. El nativo corrió hacia la aldea y gritó: "¡El blanco es como nosotros! ¡El blanco es como nosotros!" En seis meses toda la aldea se había convertido.

3. Dar a conocer la verdad

Cuando el cristiano busca ayuda, generalmente se debe a que la vida les ha dado un duro golpe. Normalmente tienen una idea errónea de sí y tienen una percepción distorsionada de Dios. ¡Qué privilegio darles a conocer la verdad de lo que son en Cristo y ayudarles a reparar su defectuoso sistema de creencias. En mi oficina tengo a la mano varios ejemplares de "¿Quién soy yo?" (cap. 2) y "Puesto que estoy en Cristo" (cap. 3). Cuando con amor damos a conocer a la gente lo que son en Cristo, aplicamos la verdad de Dios al enfermo y al sistema de raíces que constituyen las creencias defectuosas. Con demasiada frecuencia la consejería comienza por descubrir lo que el cliente tiene de erróneo. Tenemos el privilegio de decirles lo que es correcto de ellos en Cristo. Esto les da la seguridad de la victoria.

4. Pedir una respuesta

Tu función es dar a conocer la verdad en amor y orar para que el aconsejado decida vivir con la verdad, pero no puedes elegir por ellos. La consejería depende de la respuesta de fe del aconsejado. A los que buscaban sanidad, nuestro Señor les daba este toque sanador: "Tu fe te ha hecho salva" (Marcos 5:34); "Hágase contigo conforme has creído" (Mateo 8:13). Si aquellos a quienes das a conocer la verdad no se arrepienten ni deciden creer la verdad, no puedes hacer mucho por ellos.

5. Ayúdales a integrarse a una comunidad cristiana

Finalmente necesitamos ayudar a las personas a pasar del conflicto al crecimiento y estimularles que desarrollen relaciones sustentadoras. La santificación progresiva es un proceso que no se puede alcanzar fuera de la comunidad cristiana. No es el objetivo vivir la vida cristiana a solas. Necesitamos a Dios y los unos a los otros.

Nos llevará el resto de la vida renovar nuestra mente y conformarnos a la imagen de Dios. Somos lo que somos por la gracia de Dios. Todo lo que tenemos y podemos esperar, como discipuladores y discípulos, como consejeros y aconsejados, se basa en lo que somos en Cristo. Que tu vida y ministerio a los demás sean formados por tu devoción a Cristo y la convicción de que Él es el camino, la verdad y la vida (Juan 14:6).

Referencia temática